봄벌을
깨우며

봄볕을 깨우며

글·그림 송명규

작은것이 아름답다

벼 리

여는 글   010

1부
조령산 자락
삶터로

이장 댁 송아지   018
마늘철   023
때까치   028
원앙 대신 꿩?   033

2부
다섯 연못이
있는 집에서

집터   054
호진이와 송이   056
버들치   061
수달   072
달래강의 자라   088
고라니   105
들쥐와 강낭콩   112
감나무   120
딱새   128

금붕어와 왜가리　140
까미와 송이　149
산골 개들의 수난　153
호진이와 울타리　163
호진이 나갔다 들어온 데　168
봄벌을 깨우며　170

3부
생명 이야기는
이어지고

뱀과 추억　180
참피리와 개피리　194
참나무꽃과 소나무꽃　201
할미꽃　207
날다람쥐　213
해안사구　222

닫는 글　236

여는 글

전원생활은 오랜 꿈이었다. 소백산 자락의 한적한 두메 마을에서 나고 자란 탓인지 내겐 도시 문명에 대한 야릇한 거부감이 있었다. 그래서 혼잡, 소음, 매연, 바쁜 일상에서 비롯되는 각박함 등에 대해 여느 사람들보다 짜증이 심했지만, 특히 단조롭고 규격화된 아파트 생활이 싫었다. 아침에 일어나서 출근 준비를 할 때면 똑같은 세면기, 변기, 욕조가 놓인 위층과 아래층의 모든 욕실에서 비슷비슷한 사람들이 비슷비슷한 일정으로 행동하고 있으리라는 생각에 씁쓸하기도 했고, 이런 일상 속에서 우리는 삶의 주체라기보다는 현대 양식에 맞춰 사육되는(?) 객체가 아닐까 하는 의문도 종종 일었다.

아이들이 대학에 진학해 독립하기 시작하면서 미뤄왔던 귀촌을 추진할 수 있게 됐다. 십여 년 전, 충청북도 괴산군 연풍면에 땅을 사고, 그 땅에 묘목을 심고 연못을 파고 쉼터로 정자 하나와 등나무 시렁 두 개를 세웠다. 틈틈이 집터 주변을 다듬고 언덕에 정원수와 방풍

수를 심어 조경도 해두었다. 모두 3부로 구성된 이 수필집의 제1부는 귀촌부터 마을의 빈집을 빌려 기거하면서 집을 지을 때까지 일들을 묶었다.

집을 짓는 데는 건축업자에게 맡기는 방법과 직접 짓는 방법이 있는데 후자를 택했다. 건축비를 절감해야 한다는 이유도 있었지만, 모든 일을 점검하고 또 점검하는 완벽 지향 성격도 그런 결정에 한몫했다. 하지만 140킬로미터나 떨어져 있는 직장까지 출퇴근해야 하고 작은 규모나마 농사도 지어야 하므로 시간과 몸에 부담이 적지 않았다.

집을 짓는 동안 수많은 기술자, 자재 업자, 그리고 이웃들로부터 큰 도움을 받았다. 그 가운데 세 사람은 앞으로도 오랫동안 잊지 못할 거다. 건축기술자 김 씨는 마치 자신의 집을 짓는 것처럼 두 달에 걸쳐 주말도 쉬지 않고 날마다 아침 일곱 시부터 저녁 일곱 시까지, 거의 열두 시간 동안 현장을 지켰다. 그는 시공은 물론 손실이 나지 않도록 필요한 자재의 규격과 수량을 정확하게 계산해줬고 주문까지 도맡았다. 나는 그저 그의 조언에 따르면 되었는데, 그 덕에 시간과 돈을 크게 절약할 수 있었다. 목수 박 씨는 목공 부분을 책임졌다. 공기를 단축하기 위해 팀원들과 야간작업도 몇 차례 했고 실내 마감 공사 때는 나와 둘이서 새벽 한두 시까지 일한 적도 두어 번 있다. 이들이 있었기에 나는 거의 불가능할 것 같았던 집짓기와 직장 생활과 농사를 동시에 아주 잘 해낼 수 있었다.

　토박이 유 씨는 보통 사람이라면 생각조차 하기 힘들 아량을 베풀었다. 건설장비들이 현장에 진입하려면 좌우로 꺾인 비좁은 골목을 통과해야 한다. 중소형 장비는 별문제가 없지만, 크레인은 회전반경이 커서 길옆에 있는 유 씨네 헛간 지붕을 치게 되며, 그 충격은 자칫

하면 건물 전체를 무너뜨릴 수 있었다. 이를 예방하려면 지붕 모서리를 일 미터 정도 잘라내야 했다. 하지만 아무리 친하게 지내는 사이라고 해도 멀쩡한 헛간을 우리 집을 위해 불구로 만들어도 되냐는 부탁은 정말 꺼내기가 쉽지 않았다. 그런데, 유 씨는 선뜻 승낙했다. 헛간이 공간만 차지할 뿐 낡고 쓸모도 없어 어차피 곧 철거할 생각이니 상관없으며, 보상도 안 받겠다는 거다.

집을 완공한 지 7년이 흐른 지금까지도 그 헛간은 지붕 모퉁이가 잘리고 벽을 임시로 방수 처리한 상태로 그 자리에 서 있다. 유 씨는 헛간 얘기가 나올 때마다 조만간 철거할 거라고 되뇌고는 있지만.

제2부는 집을 짓고 난 뒤부터 지금까지 집과 농장 주변에서 있었던 소소한 일들을 담았다. 농장은 집을 포함해 3천 평쯤 되므로 일 년 내내 갖가지 우발사건이 끊이지 않아 많은 이야깃거리가 생긴다.

괴산군 연풍면은 두메산골이지만 국토의 중심 부근이어서 아무리 먼 곳이라도 두어 시간이면 닿을 수 있고 주변에 교통체증도 거의 없다. 그래서 수도권에 살 때보다는 훨씬 편하게 전국을 여행할 수 있다. 제3부는 집과 농장에서 조금 떨어졌거나 무관한 곳, 그러니까 가깝게는 동네 주변과 멀게는 일본 홋카이도 여행에서 겪은 일들을 특별한 순서 없이 엮었다.

이 책은 《후투티를 기다리며》와 《금낭화를 심으며》를 이은 세 번째 생태수필집이다. 앞의 두 수필집에서는 동양화가 홍주리 님이 삽화를 그려주셨다. 하지만 아쉽게도 홍주리 님이 이런저런 사정으로 이 책에서는 함께하지 못해 고민 끝에 직접 그리기로 했다.
삽화는 대부분 수채화이며 연필과 색연필로 그린 것도 몇 컷 있다.

그림을 체계 있게 배운 적도 없고 이 책을 위해 일이 년 동안 부랴부랴 그린 것들이라 내보이기 몹시 부끄럽지만, 없는 것보다는 나을 것 같아서 용기를 냈다.

이 책에 실린 글은 주로 생태환경문화잡지 〈작은것이 아름답다〉에 연재되었던 것들이고 일부는 이 책을 위해 새로 쓴 것들이다. 상업성과는 거리가 먼 이 책의 출판을 맡아준 (사)작은것이 아름답다와 글모듬지기 김기돈 님을 비롯한 편집부, 그리고 초고를 읽고 더 좋은 글이 될 수 있도록 조언해준 충주시와 괴산군의 미술동아리 '화울회'와 '수요일은 프리다' 회원들께 깊이 감사드린다.

— 2024년 5월 괴산군 연풍면에서 송명규

일러두기
이 책의 삽화 중 '금붕어와 왜가리'의 물총새 그림은 조류 사진작가 홍순만 씨의 작품을 활용한 것이다. 사진의 사용을 허락해준 홍순만 작가에게 감사 드린다.

"

… 그리고, 내겐 자연과 예술과 시가 있네.
그거면 됐지, 뭐가 더 필요하겠나?

— 빈센트 반 고흐 Vincent van Gogh,
　The Letters of Vincent van Gogh to His Brother

1부

조령산 자락 삶터로

이장 댁 송아지

주민 여러분! 저희 송아지가 탈출했습니다. 시간이 있으신 분들은 모두 저희 우사 앞으로 나오셔서 송아지를 잡는데 협조해주시기 바랍니다. 다시 한 번 말씀 드리겠습니다…

내용으로 봐서는 상황이 다급한 것 같은데, 충청도 양반이라서 그런지 방송이라서 그런지 말투나 목소리가 느긋하기 그지없다. 오전에 이장과 잠시 눈이 마주쳤었고 이 시간쯤 나는 집에서 빈둥거리고 있다는 걸 잘 알고 있을 테니 안 갈 수는 없는 노릇이고… 가봤자 별 도움은 안 되겠지만!

우사 앞에는 이미 스무 명 남짓 모여 있다. 내가 너무 늑장을 부렸나? 가까이 가보니 몇몇 노인들 빼고는 대부분 낯설다.
'어디서 이렇게 많이 왔지? 역시 이장이라서 다르네!'
이장은 동산을 가리키며, 송아지가 기슭 어딘가에 있으니 산으로 올라가 포위해 내려오자고 한다.

'저 험한 산을?'

산에 들어선다. 간벌 때 쓰러뜨린 통나무들이 몇 걸음 간격으로 앞을 가로막는다.

'웬 산이 이렇게 가팔라? 버섯 딸 때는 잘 몰랐는데… 그건 그렇고, 송아지는 대체 어디에?'

그때 누군가 외친다.

"저기, 산소 뒤에 있다!"

"어디요, 어디? 아, 저기! 나뭇가지 사이로 등이 보이네!"

"아니, 저게 무슨 송아지야, 소지! 거의 다 자랐는데!"

포위망을 좁혀 송아지를 산소에 가둔다. 이장은 우사가 있는 아래쪽을 터주고 그대로 밀고 내려가면 녀석이 별수 없이 우사로 들어갈 거라고 말한다. 사람들이 다가가자 긴장한 송아지, 아니 거의 소가 콧바람을 내뿜는가 싶더니… 이런! 반대편인 산 쪽으로 코뿔소처럼 돌진한다. 가로막고 있던 사람들이 혼비백산해 흩어지며 얼른 소나무 뒤로 숨는다. 주변 사람들이 킥킥댄다.

"에이, 무슨 겁들이 그렇게 많아?"

이장은 노인과 아주머니들에게 측면을 맡기고 장정들은 다시 산으로 올려 보낸다. 나보고도 올라가 달라는 눈치다. 한 사람이라도 아쉬운 이장 눈에는 나마저 장정으로 보이나 보다. 그건 그렇고, 저기를 또?

다시 숨이 차오른다. 동글동글해서 밟으면 미끄러질 듯한 도토리들을 요리조리 피해 발을 딛자니 힘이 두 배로 든다. 아까 했던 말이 저절로 다시 터져 나온다.

'아, 뭔 산이 이렇게 거칠어?'

산소까지 되몰린 소가 산 쪽을 흘깃 쳐다보고는 장정들의 위세에 포기하고 돌아선다. 옳지, 이대로 50미터만 몰고 내려가면 우사다! 이제 20미터!

저런! 소가 우사로 가는 척하다가 전기 울타리를 뚫고 왼쪽 사과나무 과수원으로 뛰어든다. 주변에 있던 아주머니들이 기겁하며 두 손으로 머리를 감싸고 땅에 주저앉는다.

"어머낫!"

'그럼 그렇지! 한 번 자유를 맛본 놈이 제 발로 우사에 들어가겠어?'

녀석은 과수원 중앙에서 씩씩대며 숨을 고르고 있다. 엉겁결에 사람들은 우사 앞에 다시 모였다. 원주민은 거의 노인들인데, 모두 집에 일이 있다며 슬그머니 대열에서 빠진다. 터줏대감들이 가겠다는데 이장인들 어찌하랴! 몸들을 사려 어차피 별 도움도 안 됐고!

남은 사람들은 서로가 낯설다.

"근데, 뉘시더라?"

"대사골에 석 달 전 이사 온 사람인데, 인사나 나눕시다!"

알고 보니 대부분 최근에 전입한 연하의 외지인들이다. 하기야, 토박이 이장이 방송까지 해가며 도와 달라고 하는데 모르는 척할 배짱 두둑한 외지인이 어디 있으랴! 나 또한 그렇고! 어쨌거나, 이장 댁 송아지 덕에 우사 앞은 졸지에 외지인들의 상견례장이 됐다.

이장이 새로운 작전을 설명한다. 남녀를 두 패로 나눠 기다란 과수원의 양쪽 끝을 틀어막고 가운데로 소를 몰잔다. 다른 곳은 전기 울타리에 맡기고.
포위망이 좁혀지자 녀석이 또 흥분한다.
"빨리 제자리에 앉아요! 모두 움직이지 말아요! 쉿! 조용히!"
이장은 119에 전화해서 상황을 설명하고 빨리 와 달라고 재촉한다. 사람들은 쪼그리고 앉아 모기 같은 목소리로 상견례를 이어간다. 모두 다리에 쥐가 나기 시작한다.
"아, 왜 이렇게 늦어?"

119대원들이 도착해서 마취총을 준비한다. 약을 장전하고 먼발치에서 발사! 대원들의 붉은 옷소매가 분주히 움직이는 걸 본 소가 긴장해서 순간적으로 몸을 튼다.
"저런, 빗나갔네!"
사수가 두 번째 약을 장전하고 앉은걸음으로 야금야금, 소에게 다가간다. 사과나무 뒤에 숨어서 다시 발사! 마취 화살이 우아한 곡선을 그리며 날아가 소의 왼쪽 옆구리에 콱 박힌다. 녀석은 갑작스런 통증으로 움찔하더니 이내 무릎을 꿇고 바닥에 드러눕는다.
"저 무거운 걸 어떻게 옮겨?"
"……"

이장이 급히 큰 트랙터를 몰고 온다. 밧줄을 꺼내며, 마취가 깨기 전에 얼른 놈을 묶어 로더(짐 싣는 장치)에 매달아 들어 올리자고 한다.

묶인 소가 들어 올려져 땅에서 막 떨어졌을 때, 밧줄이 터진다. '쿵'하는 충격과 함께 소는 제자리로 추락한다. 이젠 새 밧줄을 가져올 시간적 여유가 없다. 소용도 없을 거고!

항상 느끼는 거지만, 순간적인 아이디어가 번득이는 걸 보면 이장은 역시 이장이다. 이번에는 로더를 땅바닥에 내리고 소를 밀어 넣자고 한다. 장정 열 명이 매달려 땀을 뻘뻘 흘린 끝에 가까스로 몸통을 로더에 걸쳤다.

트랙터가 소를 들고 과수원을 빠져나간다. 이장은 모두 고생했다며 국수를 삶아 놨으니 꼭 먹고 가란다. 사람들은 트랙터를 졸졸 따라가며 못다한 상견례를 재잘재잘 계속한다. 국수? 나도 엄청나게 당기는데… 하지만 나의 낯가림이 국수에 대한 욕망을 억누른다.

'에이, 집에서 먹으면 되지!'

마늘철

유기농법을 십 년쯤 해 보니 감자, 고구마, 옥수수 같은 식량 작물은 그런대로 잘 되지만 채소류는 쉽지 않다는 걸 깨달았다. 특히 배추, 무, 고추, 파 같은 김치 재료가 병충해에 약한데, 마늘도 그렇다. 마늘은 갈무리하는 동안 푸른곰팡이에 감염되기 쉽고, 몸에 이미 온갖 바이러스를 지니고 있으며, 성장기에는 '고자리파리'인가 뭔가 하는 벌레의 유충이 뿌리를 갉아 먹는다.

나는 언제나 거둔 것 중 그나마 굵고 실한 걸 씨마늘용으로 골라 바람 잘 통하는 시원한 곳에 매달아두었다가 시월에 다시 심는데, 이듬해 캐보면 마늘통은 커 봤자 탁구공만 하고 쪽은 완두콩보다 클까 말까 하다. 그래서 마늘 수확 철에는 한동안 아내의 잔소리에 시달려야 한다. 이것도 마늘이냐고. 씨알이 너무 잘아서 두어 시간 까봤자 서너 줌밖에 안 된다고. 그렇다고 애써 지은 농산물을 그냥 버릴 수도 없으니 다음부터는 부디 마늘은 심지 말라고. 뿌린 것보다 거둔 게 적다면 그게 농사냐고!

　　이렇듯, 해마다 마늘은 자급을 못 해 이웃들이 나눠주는 걸로 부족분을 메우곤 한다. 내 마늘밭이 병충해로 늘 황량하다는 건 동네에 널리 알려져 있다. 그래서 마늘 캘 때만 되면 으레 이웃들에게서 한 접씩 선물을 받는데, 모두 서너 접은 되었다. 그런데 작년에는 무려 여덟 접이나 얻어먹었다. 결과적으로는 강탈한 거나 다름없지만!

　　마늘을 선물하는 분들은 대개 나나 아내가 집에 있을 때 찾아온다. 하지만 작년에는 외출할 때가 잦았다. 유월 어느 아침, 면에 다녀와보니 현관에 햇마늘 한 꾸러미가 놓여 있었다. 고맙다는 말이라도 전하려면 누군지 알아야 했다. 가장 먼저 떠오른 사람은 두 집 건너에 홀로 사시는 '메주 할머니.' 할머니는 마늘을 수확하시면 우리 집부터 가져오신다.

　　점심을 먹고 밭으로 올라가면서 할머니 댁을 들여다보니 마침 장독을 씻고 계셨다.

"마늘 가져다 주셨지요? 잘 먹을게요."
"난 아직 안 갖다 줬는데…"
"그러세요? 그럼 누군지 아세요?"
"모르겠네요."
"……"

메주 할머니가 아니라면 찬기네 할머니가 틀림없었다. 그분도 늘 이맘때면 마늘 한 접을 들고 오신다.

"마늘 주셨지요? 고맙습니다."
"난 아닌데…"

'그렇다면 중하 고모네? 중하네? 부녀회장? 혹시 새마을지도자?'

밭으로 올라가면서 집집이 들러 마늘의 출처를 물었다.

하지만 모두 자기는 아니라고 했다. 그럴 때마다 서로에게 묘한 무안함이 남았다.

'도대체… 누구지?'

작년, 우리 동네에서 마늘을 심은 농가는 나를 빼면 여덟 집이었다. 그중 일곱 집에 들러 물어보았으나 전부 아니라고 했다. 남은 곳은 연지네 뿐이었는데, 그 집은 우리 집에서 가장 멀고 아주머니가 몸이 불편해서 마늘을 들고 오기가 어렵다. 어떻든 내일 아침에 찾아가 봐야겠다고 생각하며 잠이 들었다.

이튿날 아침, 현관문이 잘 안 열리는 게, 밖에 뭔가 묵직한 것이 놓여 있는 듯했다. 조금 열고 틈새로 보니 마늘 세 접이 돌돌 말려 있었다.

'이건 또?'

누구네 마늘인지 확인하는 일은 잠시 미루고 우선 어저께 것의 출처부터 밝히려 서둘러 연지네 집으로 갔다.

"혹시 어제 아침에 마늘 두고 가셨어요?"

"응, 그랬지. 일전에 사다 준 참외가 하도 맛있어서 뭐로 보답해야 할지 몰랐는데, 그 집 마늘 농사가 올해도 안 됐다고 해서."

"참외라니요?"

"아, 달포 전인가? 괴산 장에서 우리 먹으라고 한 봉지 사온 것 있잖우? 마침 그때 참외가 굉장히 먹고 싶었었는데, 어떻게 알고 딱 가져왔는지, 정말 놀랐다우!"

우리 동네는 차가 없는 집이 더러 있다. 연지네도 그런데, 워낙 오지라서 차가 없으면 장을 보러 가기조차 쉽지 않다. 큰 장이 서는 괴산까지 가려면 버스를 한 번 갈아타야 하고, 그나마도 동네까지 들어오는 노선은 하루에 아침과 저녁 두 차례뿐이다. 그래서 먹고 싶은 게 있어도 참아야 할 때가 많다.

집에 돌아와 보니 현관에 또다시 네 접이 놓여 있었다. 결국 모든 집에서 한 접씩 보내온 거다. 점심을 먹고 일터로 가면서 어제 돌아다닌 경로를 되밟으며 같은 질문을 반복했다. 메주 할머니, 찬기네, 중하 고모네….

"마늘 갖다 두셨지요?"

"그 집 마늘이 안 됐다고 해서 좀 나눠 먹으려고. 좋은 건 팔고 안 좋은 거 한 접 갖다 뒀어요. 그래도 먹는 덴 괜찮을 거유."

"안 좋다니요! 저희 것 중 제일 큰 것보다도 훨씬 실하던데요. 저희 건 탁구공만 한데, 주신 건 달걀만 하던데요!"

"그러우?"

아무리 흉작이라도 나 자신이 마늘을 재배하니 서너 접만 얻으면 한 해 먹을 양으로는 충분했다. 그러니 네댓 접이 오히려 남는 셈이었다.

'이건 어떻게 하나?'

우리 집에는 손님이 많다. 대부분 나나 아내의 친구들이지만 제자들도 나들이 삼아 종종 들른다. 그날부터 손님이 올 때마다 반 접씩 다시 선물로 주었다. 한지성 밭마늘인 우리 동네 마늘은 단단하고 저장성이 뛰어나다. 그래서 받는 사람들이 아주 좋아한다.

봄이 한창인 요즈음이 마늘이 쑥쑥 자라는 시기다. 대체로 이맘때쯤이면 올해 수확량을 어림잡아 볼 수 있다. 그런데 올해 작황도 예년과 별 차이가 없을 듯하다. 내 밭과 이웃집 밭은 멀리서 보아도 확연히 차이가 난다. 마늘의 모양과 색깔부터 다른데, 이웃집 것들은 꼿꼿하고 전체가 파릇파릇하지만 내 것은 벌써 잎끝이 누렇게 시들며 돌돌 말리기 시작했다. 바이러스가 퍼진 탓이다. 이제 기온이 더 오르고 비라도 듬뿍 내리면 고자리파리 애벌레들이 왕성하게 뿌리를 갉아 먹어 포기째 말려 죽이기 시작할 거다. 곰팡이에 감염되었는지 씨마늘의 삼 분의 일은 싹조차 나지 않았는데, 그나마 돋은 것들도 줄기가 젓가락처럼 가냘프다. 이웃 것들은 엄지손가락 굵기인데!

올해도 내 마늘밭은 황폐하다는 게 벌써 할머니들 사이에 소문이 났다. 해마다 되풀이되는 민폐를 피하려면 뭔가 근본적인 조치를 해야 할 것 같은데… 이젠 나도 마늘만큼은 유기농법을 포기해야 하나?

때까치

1

선글라스는 세련됨과 건방짐의 이중 징표였다. 적어도 내가 청년일 무렵까지는 그랬다. 유행에 늘 뒤처지는 나는 40대가 되어서야 처음으로 '라이방'Ray Ban이란 걸 써보았다. 그것도 대낮에 고속도로를 운전할 때만.

그런데 낮과 밤, 여름과 겨울을 가리지 않고, 심지어는 잠잘 때마저 선글라스를 벗지 않는 지독한 시건방쟁이가 있으니 바로 때까치다. 유행에 앞서가는 많은 젊은이가 그런 것처럼 놈들도 제 스타일을 뻐기지 않고서는 못 배기는 성미다. 틈만 나면 사방이 탁 트인 고목 꼭대기나 높은 전봇줄에 올라앉아 자기 선글라스가 세상에서 제일 짙고 제일 멋지다고 꼬리를 까딱대며 온 동네에 땍땍거린다.

그러다가 연약하고 순박한 이웃이라도 눈에 띌랍시면 뽐내기는 잠시 접고 악당으로 돌변한다. 몸집은 참새보다 조금 큰 정도지만 땅

강아지나 귀뚜라미 같은 작은 벌레는 물론이고 참새, 박새, 뱁새, 개구리, 도마뱀, 심지어는 제 덩치만 한 들쥐까지 가리지 않고 덮쳐 목을 비틀어버린다. 그럴 때는 선글라스가 날강도들이 눈에 두르는 검은 두건처럼 보인다.

    여느 도적들처럼 놈들도 욕심이 하늘을 찌른다. 닥치는 대로 잡고 나서는 다 못 먹은 희생자는 나뭇가지 사이에 끼우거나 뾰족한 가시에 꿰어 갈무리한다. 그리고는 종종 내팽개쳐 본의 아니게 여기저기에 각종 미라를 남긴다.

외모와 유행만 좇는 사람들이 흔히 그러듯이 놈들도 집안 꾸미기에는 별 관심이 없다. 가늘고 부드럽고 매끈한 풀줄기만 고르고 골라서 아늑한 둥지를 짓는 여느 새들하고는 달리 지푸라기든 나일론 끈이든 부러진 쇠꼬챙이든 너덜너덜한 비닐이나 헝겊 조각이든 그저 붙어 있기만 하면 어느 것도 마다하지 않아 벽을 온갖 잡동사니로 도배질한다.

놈들은 새끼 때부터 터프하게 키워지는 것 같다. 다른 새 새끼들은 사람이 다가가면 눈을 부릅뜬 채로 쥐 죽은 듯 꿈쩍도 안 한다. 어미 소리를 흉내 내거나 살짝 건드리면 더욱더 움츠러든다. 때까치들

은? 일단 눈을 감아 사람은 못 본 걸로 친다. 그리고는 붉은 입을 한껏 벌리고 큰 소리로 찍찍거리며 맛난 걸 넣어달라고 앞다퉈 졸라댄다. 그래도 아무것도 들어오는 게 없으면? '에라 모르겠다, 될 대로 돼라!' 두 눈에 불을 켜고 입이 찢어질 정도로 배고프다고 아우성친다.

청소년 시절을 너무 수줍고 조신하게만 보내서일까? 때까치의 이런 대담함과 시건방짐이 내게는 도리어 아주 멋져 보인다. 종종 그 거친 라이프 스타일마저도. 근처에서 '짹짹짹짹' 소리가 들리면 어떤 라이방인지 꼭 확인해야만 하는 습관도 그래서 생겼나 보다.

2

지난봄, 고추밭에서 갓 이소[1]한 새끼 때까치를 봤다. 꿈쩍 않고 있어 거의 밟을 뻔했는데, 은신처를 들키자 한 번에 일이 미터를 뛰듯 날듯 도망쳤다. 하도 예뻐서 따라가 잡았다. 이렇게 어린 녀석이라면 집에서 먹이며 길을 들일 수도 있겠다 싶어 거실로 데려왔다.

크기는 딱새 새끼와 거의 같지만 성격과 생김새는 전혀 달랐다. 녀석은 아내가 핀셋으로 집어준 소고기 조각을 한입에 꿀꺽 삼켰다. 그리고는 뭔가 맘에 들지 않는 게 있었는지 심통을 부리기 시작했다. 물도 안 먹고 먹이도 거부하며 제자리에서 파업을 시작했.

예리한 윗부리는 살점을 뜯기 좋게 아래로 휘었고 발톱은 쥐라도 움켜쥘 만큼 억세고 날카

[1] 離巢: 새끼 새가 자라 둥지를 떠나는 일

로웠다. 눈매는 예리했고 몸매는 당당했다. 몇 그램밖에 안 되는 어린 녀석에게 벌써 이런 카리스마가 넘치다니! 놈을 볼수록 더욱 입양 욕심이 생겼는데, 무엇보다도 매력적인 건 시건방지게 짙은 라이방을 벌써 눈에 걸쳤다는 거다.

녀석이 단식투쟁을 하는 동안, 고추밭 주변에서는 어미가 선글라스를 통해 행방불명된 새끼를 찾으며 계속 땍땍거렸다. 이러다가 키우지도 못하고 어미에게도 버림받게 될 것 같아 서둘러 새끼를 데려갔다. 처음 발견한 곳에 놔주고 한 시간 뒤에 가보니 어미도 새끼도 사라진 다음이었다.

아쉬움이 컸다. 내년 봄에 때까치 둥지를 보면 새끼들이 눈을 뜨기 전에 한 놈만 슬쩍해 볼까 하는 생각이 잠깐 스쳤다.

원앙 대신 꿩?

어쩌다 보니 내 땅엔 연못이 많다. 귀촌하려 땅을 살 때 다랑논도 세 개 끼어 있었는데, 제일 위쪽의 것은 집터로 그냥 두었고 나머지는 둑을 넓히고 축대를 쌓고 연근을 심어 연못으로 바꿨다. 수원이 필요했으므로 집터 뒤 샘터에 저수용 둠벙을 팠다. 그리고 논 아래쪽 밭에는 가뭄 대비용 쌍둥이 연못을 팠다. 연못마다 이름이 있는데, 둠벙은 노란 수련이 피므로 황련못, 다랑논 두 개는 각각 빨간색과 흰색 연꽃이 피므로 홍련못과 백련못, 쌍둥이 연못은 각각 왜개연❷과 노랑꽃창포가 심겨 있으므로 왜개연못과 창포못이라 불린다. 일상생활에서는 이런 명칭이 번거로울 때가 많아 나와 아내는 그냥 1번부터 5번까지의 번호로 대신하기도 하는데, 둠벙이 1번, 다랑논이 2번과 3번, 밭의 것이 4번과 5번이다. 번호는 물의 흐름에 따라 메긴 것으로, 1번을 채운 물이 2번으로 흐르고, 2번을 채운 물이 3번으로 흐르고 하는 식이다.

연못마다 물고기, 조개, 물벌레들이 가득

❷ 작은 가짜 연이라는 뜻의 풀로, 매화 크기의 두툼한 노란 꽃이 핀다

하고 수초도 빽빽하며 근처 개구리와 도롱뇽들이 산란지로 애용해서 올챙이가 바글바글하다. 먹이가 넘쳐나니 찾아오는 새들도 많고 수초를 건져 먹으러 고라니 몇 마리가 매일 밤 들른다. 이따금 너구리들이 관찰용 덫을 꺼내 붕어를 훔쳐 가기도 하고 수달로 의심되는 어떤 짐승이 일 년에 한두 번, 월척 잉어로 둑에서 심야 파티를 벌인다.

홍련못과 백련못은 각기 칠팔십 평 정도로 제법 넓다. 그래서 가장 많은 이야깃거리가 생긴다.

우리 연못의 야생 손님 가운데 최고의 귀빈은 원앙 부부다. 행동이 기이하고 종잡을 수 없어 항상 당혹스럽지만!

연못을 만든 이듬해다. 봄비로 무릎 깊이까지 물이 차니 온갖 새가 날아들기 시작했다. 가장 작지만 풀숲에 가려져 아늑한 보금자리 같은 둠벙(황련못)은 청둥오리 몇 마리가 잠자리로 정했으며 얕고 송사리가 많은 왜개연못과 창포못은 외톨이 왜가리가 자기만의 사냥터로 점찍었다. 다랑논이었던 홍련못과 백련못은 원앙 한 쌍이 차지했는데, 중간에 있는 높은 둑에는 놈들의 먹이인 새 풀이 빼곡했다.

다른 물새들처럼 원앙도 나의 출현에 아주 민감했다. 자동차 소리가 들리면 '꽥꽥' 비명을 지르며 동산을 돌아 저 아래 밤골 저수지 쪽으로 높이 날아갔다. 그래서 처음에는 오리 종류라는 것만 알았지, 그중에서도 원앙이라는 건 전혀 눈치채지 못했다.

같은 일이 두어 주 이어진 다음부터는 아직 어둠이 가시지 않은 새벽 시간을 택해 차를 멀리 세워두고 걸어서 연못에 다가갔다. 확실히 조금 더 가까이 접근할 수는 있었지만, 놈들은 내 발걸음 소리에도 푸드덕 날아올라 동산 기슭의 검푸름 속으로 사라졌다.

어느 날, 도대체 어떤 종류인지 기어이 확인하고 싶어서 쌍안경을 들고 고개를 푹 숙인 채 앉은걸음으로 살금살금 연못에 다가갔다. 용케 들키지 않고 둑까지 와서 머리를 살짝 들어보니, 세상에! 원앙이었다. 놈들까지의 거리가 이십여 미터에 불과해 쌍안경 없이도 똑똑히 알아볼 수 있었다.

그날 뒤부터 연못에 갈 때는 항상 고양이처럼 조심했고 놈들도 경계심을 조금씩 풀기 시작했다. 한두 주 뒤에는 십여 미터까지 접근해도 아주 조금씩만 움직이면 크게 동요하지 않았다. 놈들은 대개 수면에서 노닐었지만, 둑을 오르내리는 경우도 많았다. 새순을 찾는 거였는데, 물에서는 어리연 잎을, 땅에서는 개망초나 토끼풀을 주로 뜯어 먹었다.

며칠 뒤 한낮, 백련못 축대에 있던 녀석들이 나를 보더니 한참을 허둥대다가 마지못해 홍련못으로 기어 올라갔다. 특히 암컷이 그랬는데, 놈들이 앉았던 바위에 하얗고 동그란 자갈 하나가 놓여 있었다. 거기에는 본래 그런 게 없었다. 이상하다는 생각에 가까이 가보니, 이런! 갓 낳은 알이었다. 달걀보다 약간 작은데, 햇살 때문인지 아니면 암컷의 체온 때문인지 아주 따뜻했다.

참으로 괴이하지 않은가! 원앙은 보통 고목 중간의 속이 넓은 구멍에 둥지를 튼다. 게다가, 원앙은 말할 것도 없고 세상의 어떤 새도 사방이 탁 트인 맨 바위에 보란 듯이 알을 낳지는 않는다.

아무튼 이런 상태로 내버려 두면 근처를 지나던 살쾡이나 족제비, 너구리 따위가 먹어 치우거나 햇볕에 익어 구운 달걀이 될 게 뻔했다. 생각 끝에 임시 둥지를 마련해주기로 했다. 너무 잘 만들면 낯설어할 수도 있어서 마른 풀로 얼기설기 똬리를 틀고 그 가운데에 알을 올려놓았다.

이튿날 아침, 놈들은 둥지 옆의 다른 바위에서 놀다가 내가 보이자 잠시 머뭇거리더니 다시 홍련못의 섬으로 올라갔다. 바위에 또 다른 자갈이 놓여 있었다. 역시 갓 낳은 알이었는데, 안타깝게도 약간 깨진 상태였다. 암컷이 조심하지 않고 그냥 선 채로 낳았나 보다. 병아리가 될 가능성은 전혀 없었지만 그래도 둥지에 모아주어야 다음부터는 거기에만 산란할 것 같았다. 걱정과는 달리 똬리는 아무 짐승도 건드리지 않았다.

다음 날, 놈들은 여전히 그 바위 근처에서 놀았다. 하지만 새 알은 없었다. 오늘은 건너뛰려나? …이런! 둥지 바로 앞 물속에 또 다른 자갈 하나가 잠겨 있었다. 건져보니 역시 알이었다. 도대체? …놈들은 왜 이렇게 아무 데나 알을 낳는 걸까? 아무래도 근처에 보금자리가 될 만한 속 빈 고목이 없는 탓이었다. 어쩐담?

읍내 목재상에 전화를 걸어서 기둥재, 각재, 판자 등을 잔뜩 주문하고는 바로 배달해 달라고 당부했다. 너구리 같은 천적을 막으려면 둥지는 높을수록 좋겠지만 내가 속을 들여다볼 수 있으려면 너무 높아도 안 되었다. 그래서 넓은 바닥 판 중간에 내 키 춤으로 사각기둥을 세우고 그 위에 작은 선반을 짜서 얹은 다음 다시 그 위에 집을 지었다. 집은 이왕이면 큰 게 좋을 것 같아 암탉이 병아리를 품어도

될 정도로 넓고 높게, 그리고 어떤 새라도 탐낼 만큼 예쁜 오두막 모양으로 지었다. 비가 새지 않도록 내부에는 아크릴판을 덧붙였고 드나들기 편하도록 앞쪽 선반을 넓게 뺐다.

 하지만 놈들은 이런 인공 둥지를 싫어할 수도 있고 위치가 맘에 안 들 수도 있었다. 디자인을 달리해서 두 세트를 더 만들었다. 원앙은 좋아하되 천적들은 쉽게 찾아내기 어려울 것 같은 장소를 세 곳 골라서 둥지를 세우고 바람에 흔들리지 않도록 바닥 판에 큰 돌을 올려놓아 단단히 고정했다. 홍련못의 섬도 녀석들이 자주 머무는 곳이니 거기에도 하나가 필요했다. 네발짐승이 접근할 수 없는 곳이므로 집을 땅에 두어도 괜찮을 것 같아 작은 탁자를 짠 다음 그 아래에 급한 대로 양동이만한 나무 화분 두 개의 위쪽을 맞붙이고 한쪽 바닥을 뜯어내서 만든 원통형 둥지를 설치했다. 물뱀이 조금 걱정되기는 했지만 그건 원앙의 모성애에 맡기기로 했다.

　이제 놈들이 맘에 드는 것 하나를 골라잡으면 먼저 낳은 알들을 그리로 옮겨주면 끝이었다. 하지만 정작 멍석을 깔아주니 생각이 바뀐 걸까? 이튿날, 놈들은 연못에 없었다. 다음날도, 그다음 날도… 내가 연못 주변에 너무 손을 댄 걸까? 둥지 만들랴 위치 잡으랴 지나치게 부산을 떨었나? 인공 둥지엔 절대로 안 들어갈 거라던 이웃 사람들의 말대로 우뚝우뚝 서 있는 기둥들이 오히려 위압감을 주었나?

　며칠 후, 반갑게도 놈들이 다시 날아들었다. 그러나 둥지들은 거들떠보지도 않고 둑에서 풀을 뜯고 있었다. 내가 나타나자 물 가운데 세워놓은 외딴 바위로 날아가 내 동태를 살폈다. 주변을 돌아보니, 이런! 둑에 새로운 자갈 하나가 놓여 있었다.

　놈들은 그동안 어디서 뭘 하며 지냈을까? 왜 돌아왔을까? 무슨 까닭에 바위도 물속도 아닌 맨 둑에 알을 낳았을까?

　아무래도 내가 관심을 두지 않았던 근처 어딘가에서 숨어 지낸 게 틀림없었다. 황련못, 그러니까 둠벙과 거기서 나오는 물길이 제일 의심스러웠다. 둠벙은 홍련못에서 60미터쯤 떨어진 위쪽 높은 곳에 있어서 홍련못에서는 전혀 보이지 않는다.

　아니나 다를까! 둠벙 주변에도 알이 흩어져 있었다. 물속에 두 개, 축대 위에 두 개, 풀숲에 하나.

암컷이 알을 품기는커녕 아무 데나 낳고 내팽개치는 이유가 뭘까? 아직 육아 경험이 없는 풋내기 신부여서? 근처에 둥지를 틀 만한 속 빈 고목이 없어서? 아니면 그저 괴팍한 습성의 엽기 부부라서?

마을로 내려와 겪은 일들을 얘기했더니 토박이들은 당연하다는 듯이 놀라지도 않았다. 우리 동네엔 아마도 텃새일 원앙 몇 쌍이 사는데, 모두 알을 기분 내키는 곳에 아무렇게나 낳는다는 거다. 어떤 이들은 '원앙'이라고 하는 새는 본래 그런 걸로 알고 있었다. 정말 그렇다면 원앙은 이미 오래전에 멸종되고 말았을 텐데도 말이다.

그들의 추억으로는 논에 물을 대면 알이 물길을 따라 둥둥 떠내려와서 건져 먹은 일도 있고 모내기를 하다가 논바닥에서 줍는 경우도 흔했다고 한다. 세상에! 마을마다 인심과 풍습이 다르듯 새들도 골짜기마다 사는 방식이 천차만별인가 보다! 게다가 그게 악습이든 양속이든 대대손손 이어지는 것도 마찬가지인가 보다!

아무 데나 알을 낳고 나 몰라라 하는 원앙은 그렇다 치고 저 귀한 알들을 저렇게 방치할 수는 없었다. 썩거나 약탈당하기 전에 빨리 대리모를 찾아야만 했다. 동네 암탉들에게 맡겨 볼까? …몽땅 쪼아서 깨버리지는 않을까? 부화장에 보낼까? 그때까지 알이 무사할까? 이렇게 우왕좌왕하다가는 아까운 시간만 축낼 것 같았다. 어쩔 수 없이 내가 직접 부화시켜 보기로 했다.

달걀이 서른여 개 들어가는 소형 부화기 제작업체에 문의해서 최신형이라고 자랑하는 한 세트를 주문했다. 선전대로라면 온도와 습도가 자동조절될 뿐만 아니라 한 시간에 두어 번씩 그네를 태워

배아의 피와 조직이 한 곳에 몰리지 않도록 흔들어주는, 요람처럼 생긴 아주 똑똑한 기계다. 쓰는 사람은 그저 전원을 연결하고 이따금 물만 보충해주면 된단다.

알들을 넣기 전에 알코올로 깨끗이 소독할 필요가 있을 것 같았다. 대부분 물속에 오래 잠겨 있었거나 뜨거운 바위 위에 버려졌거나 살짝 금이 간 것들이기 때문에 감염 우려가 컸다. 모든 과정을 꼼꼼히 점검한 다음 조심조심 알을 넣고 스위치를 켰다. 하루에 한 번씩 알을 꺼내 밝은 전등에 대고 부화가 제대로 진행되는지 일일이 확인했다.

며칠 뒤, 정상인 알은 세 개에 불과하다는 게 확실해졌다. 금이 간 것들은 이미 썩기 시작한 지 꽤 됐고 다른 서너 개에도 아무런 변화가 없었는데 아마도 낳은 지 너무 오래됐거나 며칠간 물에 잠겨 있었거나 뜨거운 햇살에 익어버린 것들이 아닌가 싶었다.

하지만 세 개라도 건졌으니 그게 어딘가! 실핏줄이 알 전체에 그물처럼 뻗어나가는 게 신기하기도 하고 기특하기도 했다. 그런데 두 개는 뭔가 이상했다. 어느 날부터 변화를 멈추더니 핏줄이 점점 희미해지는 게 아닌가! 조직들이 더욱 선명해지는 나머지 하나와는 확연히 달랐다. 모든 게 보이지 않고 전체가 불투명해진 어느 날, 몇 번을 망설이다가 하나를 깨보니 내부는 완전히 썩어 있었다. 다른 하나도 마찬가지였다. 도대체 이유가 뭘까? 분명히 살아 있었는데…

이제 희망은 하나만 남았다. 부화가 임박해지자 부리와 발톱, 날개 등도 선명히 보였다. 자, 이 녀석을 어디서 어떻게 키워야 하지? 부랴부랴 왜개연못(4번 연못)을 빙 둘러 농업용 쇠 지주를 한 발

간격으로 박고 촘촘한 그물을 쳐서 살쾡이나 족제비 같은 포식자가 들어올 수 없도록 단단히 막았다. 모든 연못 중에서 이 연못이 크기나 모양이나 주변 식생 면에서 새끼 원앙을 키우기에 가장 적합했는데, 녀석의 안전을 위해 둑에 은신처 두 곳, 수면 한가운데에 대피소용 데크 한 곳을 설치했다. 늦어도 부화 예정일 전까지는 모든 일을 마무리해야 해서 꼬박 이틀을 쏟아부었다.

드디어 예정일! 온종일 부화기 곁을 지켰지만 알은 꿈쩍도 하지 않았다. 날짜를 잘못 계산한 걸까? …에이, 하루 정도는 늦어질 수도 있겠지, 뭐!

하지만 이튿날도 그 이튿날도 알에는 변화가 없었다. 초조한 마음에서 전등에 비춰보니 내부가 오히려 탁해지고 있는 게 아닌가! 겁이 덜컥 났다. …부화 직전에는 본래 그런 건지도 모르니 하루만 더 기다려보자!

며칠 후, 나는 알을 열어볼 수밖에 없었다. 혹시 스스로 깨고 나오지 못하는 것일 수도 있고, 설마 그렇지는 않겠지만 부화 직전에 죽었을 수도 있었다.

아뿔싸! 놈 역시 썩어가고 있었다. 깃털까지 다 난 상태로…

모든 알이 죽어버린 이유가 뭘까? 특히 마지막 생존자가 탄생 직전에 저세상으로 간 원인은? 그동안의 과정을 되짚어보니 내 실수라고 하기보다는 알 자체의 문제인 것 같았다. 나는 나름대로 최선을 다했다.

그런데… 혹시 내가 부화기의 성능을 과신했거나 아니면 불운

하게도 불량품이 배달돼온 건 아닐까? 그렇다면 어떻게 확인해 보나? …시험 삼아 다른 알들을 부화시켜 보면 알게 될 거다.

토종닭, 금계, 비둘기 등등을 생각했지만 아무래도 야생으로 돌려보낼 수 있는 새가 좋겠기에 꿩으로 결정했다. 묻고 물어 찾아간 경기도 화성의 어떤 외진 꿩 농장에서 갓 낳은 유정란 서른여섯 개를 구했다. 색깔이 달걀이나 원앙알보다는 훨씬 붉거나 푸르스름했다. 한시라도 빨리 결과를 확인하고 싶어서 소독은커녕 씻지도 않고 곧바로 부화기에 넣은 다음, 매일 전등 앞에서 진행 과정을 살펴봤다.

이런! 원앙과는 달리 모든 알이 건강하게 발생을 시작했고 하루가 다르게 병아리 모습을 갖춰나갔다. 이윽고 부화 예정일, 도중에 죽은 것 한두 개를 빼고 거의 모든 알에 동시다발적으로 작은 구멍이 생기더니 한 시간에 몇 마리씩, 불과 하루 만에 모든 병아리가 스스로 알을 깨고 나왔다. 작은 장관이랄까? 놈들은 종종걸음으로 내가 가는 곳마다 우르르 따라다녔는데, 어떤 녀석들은 욕실 안까지 들어왔다.

이제 부화기는 정상이라는 게 확인됐다. 그럼 뭐가 문제였을까? 차이점은 원앙알은 알코올로 깨끗이 닦았고 꿩알은 그냥 넣었다는 것과 원앙알은 낳은 지 오래됐고 꿩알은 모두 당일 낳은 신선한 알이라는 거다. 나중에 알았지만, 알을 씻거나 닦으면 미세한 보호막이 벗겨지면서 세균이 쉽게 침투한단다. 그러니 원앙알을 빡빡, 그것도 알코올로 닦은 게 어처구니없는 실수였음이 틀림없다.

우리 원앙이 착실히 알을 품었다면 지금쯤 어떤 모습일까? 아마 모두 중병아리쯤으로 자라나 홍련못과 백련못 위에 떠서 어미를 졸졸 따라다니며 이런저런 교육을 받고 있을 터였다.

다른 동네는 그런 상황일까? 군내 여기저기 흩어져 있는 호수와 크고 작은 저수지들을 찾아 나섰다. 가장 가까운 밤골부터 들렀다. 건너편 산비탈이 수면에 잠기는 곳 주변에 물새들이 옹기종기 모여 있었다. 더러는 그늘에서 졸기도 하고 더러는 물에 떠서 한가로이 오가기도 했다. 쌍안경으로 보니 대부분 원앙이었다. 비탈에서 조는 녀석들은 거의 수컷이었고 물 위의 놈들은 암컷과 새끼들이었는데 한 팀이 열 마리쯤 됐다. 그 아랫동네 냇물의 큰 보에도 가봤는데 부럽게도 정경이 거의 비슷했다.

확인 결과, 우리 동네만 빼면 괴산군 전체가 원앙 풍년이었다. 심지어 어떤 쌍은 대담하게도 읍내 경찰서 옆의 거대한 느티나무 구멍에 둥지를 틀고 오가는 사람이나 자동차, 길고양이들에도 아랑곳없이 알을 품어 지역신문에 크게 소개되기도 했다. 하도 신기해서 소식을 접하고 곧바로 찾아가 봤지만 이미 무리가 둥지를 떠난 뒤였다.

원앙 새끼들은 알에서 깨어나면 하루 이틀 안에 땅바닥으로 뛰어내린 후 떼지어 물가로 이동한다. 그때가 생애에서 가장 위험한 순간들인데, 경찰서 원앙 가족이 어떻게 도심을 빠져나와 강까지 이동했을지는 짐작조차 어려웠다. 아마도 사람들이 잘 보살펴줬겠지만…

어떻든 이제 꿩 서른여 마리를 잘 키워서 출가시켜야 하는 새로운 부담이 생겼다. 빌려 쓰고 있는 시골집 거실에 간단한 우리를 만

들고 놈들을 풀었다. 하지만 마릿수가 너무 많아서 소음, 냄새, 먹이, 먼지, 배설물, 식수 등이 큰 골칫덩이였다. 어떻게 한담? …기막힌 해결책이 떠올랐다. 몇 마리만 남기고 이웃에 선심을 쓰면 된다. 닭 키워본 경험이 풍부한 토박이들이니까 모두 고맙게 받을 거다. '꿩 대신 닭'이라는 말이 있듯이 본래 꿩이 닭보다는 귀한 거니까.

"아주머니, 꺼병이 키워보실래요?"

"괜찮수, 댁이나 잘 키우시구려!"

"아저씨, 꿩병아리 드릴까요?"

"아니, 난 별로 생각 없는데."

뜻밖에 묻는 사람마다 고개를 저었다. 찬기네 할머니만 남았다. 자연에 대한 애정과 감수성이 남다르니 틀림없이 무척 신기해하고 좋아하실 거다. 게다가 혼자 사시니 심심풀이도 될 거고. 잔뜩 기대하며 말을 건넸다.

"할머니, 우리 집에 새끼 꿩이 많은데, 원하시는 만큼 가져가서 키워보세요."

"꿩? 왜 하필이면 꿩이유? 닭이 아니고!"

"꿩이 닭보다 귀해요, 구하기 어려워요!"

"무슨! 아, 들에 꿩이 얼마나 많은데… 곡식 심으면 죄다 파먹는 웬수 같은 놈들이 바로 그놈들인데!"

'아차! 내가 너무 내 생각만 했구나! 우리 동네는 원앙은 몰라도 꿩은 지나친 풍년의 연속인가 본데…' 그제야 사람들이 꿩 분양을 탐탁지 않아 하는 이유를 깨달았다.

"그래, 몇 마리나 되우?"

"서른 마리쯤이요."

"그렇게나 많이? 근데, 다 자라면 어떡할 거유?"

"풀어주려고요"

"아니, 풀어줘요? 왜? 어디에? 그냥 잡아드시지…"

"문경새재 꼭대기에요. 동네 산에는 안 풀어줘요. 걱정하지 마세요!"

"아, 멀리멀리 가서 풀어주시우!"

이게 뭐람! 그 많은 꿩을 몽땅 내가 떠안아야만 했다. 그것도 소문나지 않게 은밀히…

그런데 모두 건강하게 태어난 어린 꿩들이 하루에도 서너 마리씩 죽어 나가기 시작했다. 조류 인플루엔자나 다른 돌림병에 걸린 게 아닐까? 그동안 새는 고사하고 우리 가족 밖에는 접촉한 사람조차 일절 없는데… 도대체 원인이 뭘까?

극진한 보살핌도 헛수고였다. 꺼병이는 며칠 사이에 대여섯 마리로 줄었다. 아무래도 무슨 비상조치가 필요했다. 면사무소 근처에서 닭 몇 마리를 키우고 있는 지인을 찾아가 자초지종을 얘기했다. 그는 대뜸 내게 물었다.

"보온 장치를 해 줬어요?"

"아니, 날이 얼마나 따뜻한데! 그리고 실내에서 키우는데?"

"온도가 얼마나 되는데요?"

"한 이십 오륙 도?"

"어이쿠! 사십 도는 돼야 해요. 잠자리에 백열전구를 계속 켜두

고 담요를 덮어주지 않으면 오늘내일 사이로 모두 죽어요! 중병아리가 될 때까지는 어미 체온과 같은 온도를 유지해 줘야 해요!"

'이런! 내 무지가 그 어린 것들을 사지로 몰았구나!'

헐레벌떡 필요한 것들을 사서 보온 설비를 갖춰줬다. 꺼병이들은 곧바로 전등 아래로 모여들었다. 하지만 가장 씩씩하던 두 마리만 빼고 모두 꾸벅꾸벅 졸기만 하더니 이튿날 함께 눈을 감았다. 이제 두 마리만 남았다. 속죄를 위해서라도 이놈들만은 무조건 성체로 키워내야 한다!

어릴 때 집에서 닭을 키운 적이 있는데, 꿩은 내 기억 속의 닭들과는 전혀 달랐다. 열흘쯤 되자 벌써 엄청난 점프력과 서툰 날갯짓으로 간단히 우리를 탈출했다. 두 마리뿐이었는데도 그럴 때마다 거실에 비명과 먼지와 냄새가 가득했다. 우리를 광으로 옮기고 천정에 철망을 씌웠다. 놈들은 성장이 엄청 빨라서 난 지 몇 주 뒤부터는 우리 속을 푸드덕푸드덕, 날듯 뛰듯 돌아다니며 야단법석을 피웠다. 물론 보온 장치는 이제 필요 없었다.

자기방어는 할 수 있을 만큼 더 키웠다가 왜개연못으로 옮겼다. 거기는 본래 원앙 새끼를 위해 만반의 준비를 해 두었던 곳이라서 필요한 게 이미 갖춰져 있었다. 이따금 먹이만 뿌려주면 됐는데, 사실 자연적 먹이가 충분해서 그마저도 필요 없었다.

아무리 사람 손에 길러졌어도 놈들은 거친 야생성을 타고났다. 풀어주자마자 덤불 속으로 숨어서 도저히 찾아낼 수 없었다. 먹이가 조금씩 줄어드는 걸로 간접적이나마 놈들의 안위를 확인할 수 있었을 뿐.

'이젠 거의 다 자랐을 텐데… 할머니와의 약속대로 외진 산골짜기에 풀어줘야 하는데…' 하지만 우리 안에서 다시는 발견되지 않았다. 며칠 후, 놈들은 우리 밖에서 노닐다가 나를 보자 푸드덕하고 멀리 날아갔다. 아뿔싸! 이미 성체가 된 거다. 놈들은 왜개연못을 고향으로 생각하는지 그해 여름 내내 근처로 찾아왔다. 내 농작물도 맘껏 약탈할 겸.

우리 동네 원앙은 본래 알을 품지 않는다는 토박이들의 주장은 조금 억지처럼 들린다. 내 생각은 조금 다른데, 두 가지 설명이 가능할 듯하다. 하나는 이렇다. 원앙 한 쌍을 주의 깊게 관찰해보면 암컷이 항상 수컷만 바라보며 어딜 가도 졸졸 따라다닌다는 걸 알게 된다. 원앙 수컷은 암컷이 그러고도 남을 만큼 멋지게 생겼다. 또한 암컷에게는 일종의 의부증 같은 본능이 있는 것 같다. 잠시도 신랑 감시를 게을리하지 않는다. 함께 알을 낳고 먹이를 먹다가도 수컷이 자리를 뜨면 알이고 뭐고 모두 내팽개치고 수컷만 쫓아간다. 그래서 짝이 된 수컷이 우연히도 타고난 바람둥이라면 그 쌍은 정착하지 못하고 번식에 실패하게 된다.

다른 하나는―이게 좀 더 그럴듯한 설명일 것 같은데―이렇다. 우리 동네 원앙은 텃세권 다툼에서 밀려난 패배자일 가능성이 크다. 다른 동네, 특히 저지대 동네들에는 넓은 호수, 저수지, 큰 냇물 등이 울창한 수변 삼림과 어우러져 있어서 안전하게 새끼를 키울 수 있는 여건이 되지만, 우리 동네엔 변변한 저수지도 없고 시내도 도랑 수준에 불과하며 논이나 시내 근처에 큰 나무도 없다. 오죽하면 내 연못에

까지 날아들겠는가! 그래서 산란은 급한데 아늑하고 안전한 장소를 찾지 못한 우리 동네 원앙은 시행착오만 반복하게 된다.

* * *

들에 콩 수확이 한창이다. 꿩은 예년처럼 풍년이고, 놈들로서는 공짜 먹이가 넘쳐나는 풍요의 계절이다. 오늘 아침, 놈들이 찬기네 할머니 콩밭을 털었다. 나도 몹쓸 놈들이라고 혀를 차며 동조해줬지만, 무리 속에 내 꿩도 함께 있었기를 바라는 마음도 은근했다.

"
자연이란 방문하는 곳이 아니다.
자연은 집이다.

— 게리 스나이더 Gary Snyder,
　 The Practice of the Wild

2부
━━━━━
다섯 연못이 있는 집에서

집터

우리 집은 사방이 산으로 둘러싸인 작은 분지에 있다. 서산 줄기의 하나인 남산은 낮고 아담하지만 서산 그 자체와 북산, 동산은 높고 경사도 심하다. 풍수지리에 밝은 사람들은 집터가 아주 명당이라고 한다. 가장 높은 북산에서 시작되어 수 킬로미터나 남쪽으로 뻗어 있는 좌청룡의 동산과 우백호의 서산이 정말이지 용과 호랑이처럼 우람하게 집터를 감싸고 있으며, 남쪽이 트여 발아래로 긴 골짜기와 거기에 형성된 마을을 굽어보기 때문이라는 거다.

하지만 내 눈에는 아무리 봐도 주변 산이 용이나 호랑이 같지는 않다. 그보다는 사람 모습에 더 가까운데, 동산은 북쪽에 머리를 두고 반듯이 누운 장대한 기골의 근육질 남성을, 서산은 긴 머리를 남쪽으로 젖히고 모로 누운 골반이 크고 다리가 미끈한 팔등신 미인을 닮았다.

공교롭게도 아내 방은 동쪽에, 내 방은 거실 건너 서쪽에 있으며 아내 방에는 동창이, 내 방에는 서창이 있다. 그래서 아내는 늘 우락부락한 동산을, 나는 부드러운 서산을 마주하며 지낸다.

풍수지리적으로 우리 집은 청룡의 기가 모였다가 뻗어나가는 매듭에 있다고 한다. 처음에는 귀담아듣지 않았지만, 슬슬 뭔가 일리가 있다는 불안감이 일고 있다. 시간이 흐를수록 나는 소심하고 사근사근해지지만, 아내는 점점 대차고 무뚝뚝해지는 것 같기 때문이다.

책상에서 일하다가 고개를 들면 서산의 자태가 한눈에 들어온다. 초승달은 초저녁에 미녀의 잘록한 허리에 걸리고 오리온 별빛은 얼굴 위로 쏟아진다. 동짓날, 해는 머리카락 속으로 잠기고 하짓날에는 골반 뒤로 사라진다.

호진이와 송이

집을 지었으니 집도 지키고 외딴 산골의 적적함도 달래줄 반려견이 필요했다. 밤만 되면 주변에 멧돼지들이 어슬렁거리므로 이왕이면 큰 개가 좋았다.

어느 날, 철물점 진돗개가 새끼를 낳았다고 해서 보러 갔는데, 이미 우르르 몰려다닐 만큼 자란 상태였다. 모두 여덟 마리였는데, 네 마리는 흰색, 세 마리는 누런색, 한 마리는 흑갈색이었다. 어미는 흰색, 아비는 누런색이었다. 그럼, 저 녀석은 뭐지? 돌연변이? 씨 다른 놈? 털 색깔이 부모와 전혀 다른, 더욱이 거무칙칙한 진돗개라니!

하지만 군계일학이라고나 할까? 나와 아내에게는 녀석만 눈에 들어왔다. 녀석은 색깔을 포함하여 모든 게 다른 강아지하고는 아주 달랐다. 덩치가 제일 컸고, 머리는 더욱 컸으며, 장난기 넘치는 육각형 얼굴에, 귀는 쫑긋했다. 녀석도 뭔가 느낌이 있었는지 나와 아내의 발등을 지나다니며 갖은 재롱을 떨었다.

며칠 후, 강아지를 분양하니 원하면 데려가라는 연락이 왔다.

녀석을 뺏기지 않으려고 얼른 달려갔다. 하지만 그건 기우에 불과했는데, 사람들이 눈여겨보는 강아지는 흰색과 누런색이었지 거무칙칙한 녀석에게는 아무도 관심이 없었다. 따돌려진 우리 강아지는 나를 보자마자 기다렸다는 듯 달려 나왔다.

인연이라는 말을 믿지는 않지만, 강아지들은 본래 주인이 정해져 있는 게 아닌가 하는 생각이 들었다. 사람과 강아지 간에도 어떤 운명의 끈이 있나 보다. 사람마다 좋아하는 강아지가 다르고 강아지도 그런 성향인 걸 보면! 까만 녀석은 내가 데려가겠다고 하니까 지나던 사람이 이렇게 말했다.

"진돗개는 본래 흰색이나 누런색인데, 이놈은 이상하네요. 전혀 진돗개 같지 않네. 잡종은 아닐 테지만…"

잡종이든 순종이든 그게 무슨 상관이랴! 어차피 어미, 아비도 조상을 알 길이 없는데… 게다가 번식과 수익을 위해 입양하는 것도 아니니 그저 귀엽고 잘 따르고 건강하면 됐지, 색깔이 대수랴!

녀석은 자라면서 몸에 희끗희끗한 얼룩이 생기기 시작했다. 그게 점점 번져 나가더니 몸 전체에 걸쳐 크고 작은 검은 줄무늬가 남았다. 우리 부부는 적잖이 당황했다.

"이거 호랑이 새끼 아냐?"

"글쎄, 왜 이렇지? 이런 개도 있나?"

인터넷으로 찾아보고 나서야 녀석이 호랑이 무늬 진돗개(호구)라는 걸 알게 됐다. 우리는 그때까지도 녀석의 이름을 짓지 못하고 있었는데, 큰딸의 착안대로 '호진'이라 정했다. '호랑이 진돗개'의 줄

임말이기도 하고 두 딸인 '호경'과 '진미'의 줄임말이기도 한 이중적 의미의 이름이다. 백구와 황구 사이에서 어떻게 호구가 나왔는지는 수수께끼다. 그저 호진이의 조상을 거슬러 올라가면 그 속에 호구가 한두 마리 있을 걸로 추측할 뿐!

녀석은 내가 어디를 가든 졸졸 따라다녔다. 밭에서 김을 매고 있으면 두더지를 쫓아 이랑을 헤집기도 하고 참새를 잡으려 덤불을 들쑤시기도 했다. 하지만 십 분 간격으로 내게 와서 손등을 핥고 신발에 올라타며 놀아달라고 보챘는데, 밟을 뻔한 적이 한두 번이 아니다.

어느 날, 녀석은 고랑을 왔다 갔다 하며 혼자 신나게 놀았다. 나는 그 덕에 녀석의 방해 없이 작업에 전념할 수 있었다. 하지만 너무 오랫동안 눈에 띄지 않아서 무슨 일인지 확인하러 일어서려는데, 등 뒤에 시커먼 짐승이 우두커니 앉아 있어서 소스라치게 놀랐다. 호진이였다. 녀석은 작업방석❸을 가지고 놀다가 끈이 온몸에 칭칭 감겨 옴짝달싹 못했다. 얼굴에는 뭐가 어떻게 된 건지를 몰라 얼떨떨해하며 속박을 풀지 못해 난감해하는 우스꽝스러운 표정이 역력했다.

"아이고, 이 미련한 놈아! 진작 와서 풀어달라고 하지, 이 지경이 될 때까지 뭐 했냐?"

하지만 끈이 얼마나 단단히 조여졌는지 도저히 풀 수가 없어서 결국 가위로 여러 곳을 절단해야 했다. 빨리 끌러달라고 보채지도 않고 내 작업이 끝날 때까지 등 뒤에서 조용히 기다린 게 기특해서 여러 번 쓰다듬어 주었다.

❸ 원통형 스티로폼에 비닐천을 씌워 만든 이동식 방석. 두 개의 동그란 끈에 양쪽 허벅다리를 끼워 엉덩이에 부착한다.

호진이가 혼자 노는 모습이 애처로워서 짝을 구해주기로 했다. 주변에는 호구가 없어서 혹시 인터넷에 분양 공고가 있는지 검색해 봤는데, 얼마 후에 수원의 어떤 가정집에서 호구 강아지를 분양한다는 소식이 올라왔다.

예약을 하고 이튿날 아침에 찾아갔다. 암컷은 두 마리로, 털 색이 진하고 얌전한 강아지와 털 색은 연하지만 활발한 녀석이 있었다. 조금 망설이다가 활발한 놈을 택했다. 녀석의 이름도 큰딸의 아이디어에 따라 '송이'라고 지었다. 송이는 나와 아내의 성씨를 합친 것이다. 이제 송이가 있으니 저희끼리 놀고 내 작업에는 방해가 되지 않으려니 생각했다. 그런데 웬걸? 이젠 두 마리가 합심해서 나를 따라다녔다. 바짓가랑이를 양쪽에서 물고 늘어져 발을 질질 끌고 걸어야 할 때도 많았다.

호진이는 시간이 나는 대로 훈련을 시켰다. 특히 내가 부르면 바로 달려오는 연습을 많이 시켰다. 송이는 그냥 자유분방하게 키웠다. 이런 차이 때문이었는지 녀석들은 후에 성격과 행동이 크게 달라졌다.

호진이의 별명은 '대가리 큰 놈'이다. 동네 사람들은 '호진'이라는 이름이 기억나지 않으면 그냥 '대가리 큰 놈'이라고 부른다. 특히 아랫집 박 씨는 이름을 알면서도 일부러 이렇게 부른다.

"어이, 대가리 큰 놈, 잘생긴 놈, 이리 좀 와 봐!"

버들치

산촌의 겨울은 일부러라도 이벤트를 만들지 않으면 두어 달 동안 따분함만 이어질 뿐이다. 특히 십이월이 지루한데, 혹독한 추위와 함께 매일 무려 열네 시간이나 어둠에 갇히게 되는 것도 큰 이유이다. 그래서인지 귀촌한 뒤부터는 일 년의 진짜 끝은 동짓날, 처음은 그 이튿날이라고 생각하게 됐다. 동지는 설날보다도 반갑다. 이젠 어떤 추위가 봄을 가로막는다고 해도 낮이 조금씩 길어지고 태양도 높이 뜨게 된다는 걸 부정할 수는 없기 때문이다.

오늘은 동지를 기념해 그동안 미뤄왔던 숙제 하나를 하려고 한다. 표본조사를 통해 몇 년 전에 홍련못과 백련못에 넣은 붕어들이 얼마나 자랐는지 확인하는 일이다. 봄부터 가을까지는 연과 어리연을 비롯한 갖가지 수초가 빽빽이 자라기 때문에 놈들을 잡기가 무척 어렵다. 한겨울부터 이른 봄까지가 그나마 가능한데, 이른 봄에는 물이 아주 차가워서 족대를 들고 진흙 바닥을 헤집을 엄두가 나지 않는다. 물론 한겨울에도 족대질은 불가능하다. 물이 꽁꽁 얼어붙기 때문이다. 하지만 그 덕에 얼음낚시를 할 수 있다.

  그렇기는 해도, 언젠가 소양호에서 빙어낚시를 해 본 경험을 빼면 얼음낚시, 특히 붕어낚시는 생소하기만 해서 어떤 채비와 미끼를 써야 하는지조차 모르겠다. 그래서 시행착오를 각오하고 견지낚싯

대 세 개와 지렁이로 시도해 보기로 한다. 홍련못은 정자 아래가 제일 깊을 것 같으니 우선 거기에 구멍 두 개를 뚫는다. 백련못은 대충 중앙 부근을 뚫고 낚싯대 하나를 놓는다. 깊이를 재보니 어디나 삼십 센티에 불과하다.

정자 아래로 돌아와 찌가 조금이라도 움직이면 즉시 낚아챌 요량으로 얼음 위에 쭈그리고 앉는다. 찌는 한 시간 내내 미동조차 없다. 시간이 흐르면서 집중력은 점점 떨어지고 머릿속은 붕어보다는 이런저런 회상으로 채워지기 시작한다.

연못을 만든 데에는 여러 가지 목적이 있다. 연근도 키우고 조경도 하고 가뭄도 대비하고 개구리와 도롱뇽에게 산란터도 제공하고… 하지만 가장 큰 목적은 황폐해진 동네 수생태계의 복원이다. 그래서 제일 먼저 한 일이 각종 야생 물고기를 채집해서 풀어주는 거였다. 연못들은 도랑을 통해 동네 개울과 연결되는데, 평소에도 물을 가득 대기 때문에 배수관을 타고 내려간 각종 물고기와 새우, 다슬기, 조개 같은 것들이 온 동네로 퍼져나가게 된다. 특히 큰비라도 오면 내가 바라는 대로 대탈출이 일어난다.

몇 년 전, 평택 출신의 한 외지인이 우리 집에서 2백 미터 아래쯤으로 귀촌했는데, 나처럼 집짓기에 앞서 연못부터 팠다. 그 연못도 개울물이 흘러 들어갔다가 만수위가 되면 자연적으로 빠져나오는 구조로 만들어졌다. 며칠 전의 모임에서 그는 인사 겸 자랑 겸 이렇게 말했다.

"정말 이상하지요? 연못에 새우를 넣은 적이 없는데, 토하젓을 담글 만큼 바글바글해요. 무슨 영문인지 모르겠어요."

옆에 있던 토박이 유 씨가 나를 흘끗 쳐다보며 대답했다.

"못 보던 게 있다면 모두 이 집 연못에서 나온 거지 뭐!"

재작년은 봄 가뭄이 몹시 심했다. 들판이 타들어 가던 어느 날 이른 아침에 백련못 둑에서 찬기네 할머니와 마주쳤다. 할머니 밭은 바로 아래라서 연못에서 호스로 물을 빼 쓰기 편하다.

"물 대세요?"

"아니요, 붕어 때문에."

"붕어라니요?"

"배수관 아래 패인 웅덩이에 붕어랑 우렁이가 몇 놈 갇혀 있길래 잡아다가 다시 연못에 넣어주는 참이유. 물이 마르면 죄다 죽어버릴 테니 불쌍하잖우? 게다가 애써 키우는 것들인데…"

'내 의도는 개울로 내려가도록 내버려 두는 건데…'

"자주 그러셨어요?"

"자주는 무슨! 보일 때만 그러지."

나는 전혀 모르고 있었지만, 그동안 할머니는 도랑을 뒤져 고립된 물고기랑 조개들을 연못에 수없이 되돌려 놓아온 거다. 그 일이 있고 난 다음, 알이나 치어가 아니면 탈출하기 어렵게 배수관 입구를 촘촘한 철망으로 막았다. 나야 상관없지만 그게 할머니의 노고를 덜어 주는 길이었다.

＊ ＊ ＊

　벌써 두 시간이 넘었는데도 찌들은 변화가 없다.
　'에라, 들어가서 밥이나 먹어야겠다.'
　점심을 마치고 돌아와 보니, 이런! 홍련못의 찌 중 하나가 살짝 옮겨졌다. 뭔가가 물었다는 신호다. 낚싯대에서 미세한 진동이 느껴진다. 큰놈은 아닌 것 같고 손바닥 정도 되는 붕어겠지 하고 끌어당겨 보니 어럽쇼, 붕어가 아니라 한 뼘쯤 되는 동사리다. 동사리도 지렁이를 무나?
　동사리는 숱하게 잡아 봤지만 낚시로는 처음이다. 사실 동사리 낚시에 대해서는 들어본 적도 없다. 더욱이 얼음낚시로는! 동사리는 몹시 사나워서 자기들끼리도 잡아먹는데, 지금껏 뭔가를 입에 문 채로 잡힌 놈들은 모두 물고기를 삼키고 있었다. 지렁이를 꿀꺽한 이상한 놈은 이게 시초다.
　'이 녀석아, 한낱 지렁이에 넘어가냐? 동사리 체면이 있지!'
　새 지렁이를 꿴 다음 월척 붕어를 기대하며 낚시를 다시 드리웠다. 별종 동사리는 잠시나마 편히 쉬라고 따뜻한 온실 물통에 넣어 줬다.

　우리 동네는 Y자 모습의 긴 골짜기를 따라 형성돼 있다. 동쪽은 대사골, 서쪽은 시작골로 불린다. 두 골짜기가 만나는 곳이 중심지이고 토박이들은 대부분 거기에 산다. 대사골과 시작골의 꼭대기 부근

에는 최근 들어 새집이 많이 들어섰는데, 거의 귀촌한 사람들이다.

얼마 전, 일 년에 한 번 열리는 마을 총회가 있었다. 옹기종기 모여 점심을 먹다가 이런저런 얘기 끝에 동네 수생태계, 그중에서도 버들치가 화제에 올랐다. 이장 부인이 내게 물었다.

"시작골엔 중타리(버들치의 방언)가 많아요?"

"그럼요, 바글바글해요."

"그래요? 대사골은 씨가 말랐어요."

"아니 왜요? 본래 거기가 더 많았는데, 가재도 그렇고."

"다 잡아서 그래요."

"예? 누가, 뭣 하러… 그거 먹을 것도 없는데."

"누군지는 몰라도 여름 내내 웅덩이마다 덫을 놓았어요. 아마 새로 이사 온 외지인일 거예요. 들에 오갈 때마다 물고기들 노는 게 얼마나 보기 좋았는데…"

부인은 누군지 아는 듯했지만 끝내 밝히지는 않았고 나도 더 이상 묻지 않았다. 먹으려는 게 아니라면 잡을 이유가 없다. 그런데 버들치는 겨우 손가락 크기여서 아무리 잡아봤자 몇천 원짜리 동태 두어 마리만도 못하다. 틀림없이 맛도 없을 거고.

몇 년 전 마을 어귀에 전입한 이 씨가 끼어들었다.

"우리 집 주변에는 중타리는커녕 개구리 한 마리 없어요. 물에 아무것도 없어요. 동네 아래쪽은 다 그래요!"

"아니, 왜요?"

마을 중앙에는 절임배추 농가가 세 곳 있다. 김장철에는 거기서 엄청나게 많은 소금물이 하천에 버려지는데, 그게 원인이란다. 이 씨는 죽은 하천을 볼 때마다 가슴이 아프지만 먹고사는 일과 관련돼서 그런 사실을 입 밖에 내지 못한다고 덧붙였다. 이 씨 이야기가 맞는다면 실뿌리처럼 이어지는 우리 동네 하천 가운데 생태계가 그나마 건강하게 유지되는 곳은 시작골뿐이라는 뜻이 된다.

말은 별로 없지만 주민들은 생태계 변화에 아주 예민하다. 손을 씻거나 땀을 식히러 냇가에 갈 때마다 습관적으로 여기저기를 뒤져본다. 돌 밑에 다슬기는 빼곡한지, 도롱뇽과 산개구리가 숨어 있는지, 뒷걸음치는 가재가 배에 알을 품었는지, 버들치들이 놀라서 흩어지는지.

놈들이 얼음 밑에서 내 동태를 살피는 걸까? 또다시 몇 시간째 찌들이 꿈쩍도 안 한다. 시작골에 별 탈은 없는지 점검도 할 겸 슬쩍 자리를 비워 봐야겠다.

* * *

우리 집은 시작골 개울 건너편에 있고 진입로가 아래쪽과 위쪽 두 곳이다. 초입에는 모두 다리가 있으며 다리 간의 거리는 삼백 미터쯤 된다. 집에서 나와 두 다리를 거쳐 되돌아오면 일 킬로쯤 되는데, 나와 아내는 가벼운 산책길로 애용한다.

오늘은 개들만 데리고 그 길을 걸으며 냇물에 움직이는 게 있는지 꼼꼼히 살펴볼 요량으로 집을 나선다. 여울 구간이 끝나니 첫 번째 웅덩이가 보인다. 맙소사! 죽은 버들치들이 돌 틈마다 걸려 있다. 이미 오래전의 일이었는지 형체만 겨우 알아볼 수 있을 만큼 부패한 상태다. 지난 몇 주간 계속된 맹추위 때 얼어 죽었을까? 그건 아닐 거다. 여기는 아무리 가물거나 추워도 항상 물이 흐르기 때문에 놈들이 얕은 웅덩이에 고립되어 함께 얼어붙었을 가능성은 거의 없다.

아무튼, 겁이 덜컥 난다. 빨리 위쪽도 확인해 봐야겠다. 다행히 그곳을 벗어나니 모든 게 정상이다. 모처럼의 따뜻한 날씨에 버들치들은 이 돌 저 돌을 오가며 활발히 움직인다. 이제 우리 집 바로 아래인데, 시작골 전체에서 버들치 밀도가 제일 높은 곳이다. 내가 다가가자 당황한 버들치들이 돌 틈을 비집고 숨어드느라 정신이 없다. 큰 놈들은 십 센티미터가 넘을 듯한데, 모두 건강하고 통통하게 살이 쪘다.

그럼, 저 아래 버들치들은 왜 폐사했을까? 누군가 농약 같은 독극물을 버렸을까? 누가? 왜? 그것도 이런 한겨울에! 어쨌든 독극물이라면 그 아래쪽 물고기들도 전멸했을 거다. 발길을 아랫다리 쪽으로 되돌린다. 걱정과는 달리 동네 중심까지 모든 게 정상이다. 그 구간에도 버들치들이 득실거린다.

도대체 왜? 마침 도랑에 나와 있던 유 씨가 그럴듯한 추리를 내놓는다. 누군가 한참 전에 거기에 덫을 놓았다. 지독한 추위에 차일피일 미루다가 날씨가 풀린 며칠 전에 와 보니 걸린 버들치들이 모두 죽어 있었다. 그는 버들치들을 개울에 버리고 덫만 회수해갔다.

'누굴까? 설마 대사골의 그 사람이 여기까지?'

돌아와 보니 이번에는 백련못의 찌가 보이지 않는다. 뭔가 큰 놈이 문 것 같다. 월척 붕어를 기대하고 건져 보니, 이런! 또 동사리다. 아까보다 조금 큰 놈인데, 날씨가 풀려서인지 얼음 위에서도 제법 퍼덕거린다. 놈도 온실로 요양을 보내고 미끼를 간 다음 낚시들을 제자리에 돌려놓는다.

또다시 찌들은 움직일 줄 모른다. 해도 져서 이젠 한기가 느껴진다. 낚시를 그대로 놔두고 들어가서 저녁이나 먹고 내일 아침에 다시 나와 봐야겠다.

밤새, 백련못의 찌가 또 사라졌다. 설마 이번에도? 역시 동사리다. 동사리도 붕어와 같은 시기에 넣었는데, 그 당시 크기가 이만했으니까 지금 잡히는 놈들은 연못에서 태어난 후손일 거다. 지렁이 미끼도 무는 걸로 봐서는 이놈들은 여기에서만 살아온 덕에 물고기뿐만 아니라 물벌레와 올챙이 등 온갖 소동물이 가득한 연못 생태계에 완전히 적응했나 보다.

한낮이라 그런지 연못엔 다시 적막만 가득하다. 찌들은 가끔 부는 미풍에 좌우로만 한들거릴 뿐 위아래로는 움직일 기미가 없다.

붕어가 잡히지 않는 까닭은 없어서가 아니라 내가 얼음낚시에는 초보이기 때문이다. 포인트나 미끼, 시간대, 내 행동 등에 뭔가 문제가 있는 건데, 포인트가 잘못됐을 가능성이 가장 크다. 겨울철에는 제일 깊은 곳이 제일 따뜻하니 붕어들은 거기에 모여 있을 거다. 하지만 거기가 어딘지 도통 감을 잡지 못하겠다.

얼음은 녹았지만 수초는 돋아나기 전인 이른 봄에는 물속이 훤히 들여다보인다. 지난봄에 보니, 수년간 무탈하게 자란 붕어들이 거의 월척 수준에 이르렀는데, 수십 마리가 떼를 지어 연못을 헤집고 다니는 모습이 정말 구경할 만했다. 놈들의 2세와 3세는 훨씬 많은데, 수백 마리씩 몰려다닐 때는 마치 구름 그림자가 지나가는 것 같았다.

 온몸에 찬물과 진흙을 뒤집어쓰기는 싫지만, 붕어 통계를 내려면 얼음이 풀리고 난 직후에 족대로 잡아보는 수밖에 없겠다. 이제 그만, 온실에 가서 동사리들을 풀어주고 채비를 걷어야겠다.

수달

1

 "아, 이놈이 어딨지? 분명히 이 근처였는데… 거, 귀신이 곡할 노릇이네!"
 단골손님이 왔는데도 아저씨는 인사는커녕 눈길 한 번 주지 않고 휴대전화에 저장된 사진들을 들여다보느라 정신이 없다. 라면 몇 개와 만 원짜리 지폐를 계산대에 올려놓고 한참을 기다렸지만 마찬가지다. 할 수 없이 주머니를 털어 잔돈으로 값을 치르고는 라면을 주섬주섬 비닐봉지에 담았다. 얼핏 보니, 휴대전화는 아이들 사진으로 꽉 찼다.
 "손자들이 놀러 왔었나 봐요? 얼마나 귀여우시겠어요!"
 "아니, 어떻게 된 거지? 분명히 찍었는데… 거참 이상하네!"
 내겐 무관심한 것 같아 인사도 생략하고 밖으로 나오려는데, 아저씨가 나를 향해 외친다. 흥분된 어조가 비명에 가깝다.
 "아, 여기 있네! 찾았네! 바로 이놈이네!"
 '손자들과 숨바꼭질을 하셨나?'
 "뭔데요?"
 "아, 이리 와 보슈! 여기, 수달!"
 "뭐라고요! 진짜요?"
 아저씨는 냇가 풍경 사진 중 하나를 크게 확대해서 마른 갈대숲 속에 놓인 거무칙칙한 작은 바위 같은 걸 가리키며, 이게 수달이고, 아침에 손자들과 소집에 먹이를 주러 가다가 찍었다고 의기양양하게 말했다. 아저씨는 내가 가게에 들어서자 그걸 자랑하려고 이 사진, 저 사진을 한참 뒤적거린 거다.

"어디서 찍으셨어요? 연풍에 수달이 많다고들 하던데, 정말이에요? 꼭 실제로 보고 싶었는데…"

"많은 정도가 아니유, 아주 득실득실해. 그런데 소 키우는 사람들은 자기 축사 근처에 수달이 산다는 게 알려지는 걸 꺼려유!"

아저씨도 끝내 사진을 찍은 위치를 말해주지 않았다. 하지만 조금 미안했는지 문을 나서는 내 뒤통수에 대고 한 마디 던졌다.

"아, 집에 돌아갈 때 다리를 건너지 않수? 새로 놓은 거 말고 옛거. 그 밑에도 우글우글 해유. 그리구, 거기서부터 하류로 큰 보가 있는 1킬로미터 구간에 제일 많아유. 아, 거 있잖우, 외딴 돼지 축사 뒤쪽의 그 으슥한 갈대밭!"

사진을 전송해 달라고 부탁해 놓고는 곧바로 아저씨가 말한 장소로 차를 몰았다. 다리 중간에서 난간을 잡고 냇물을 굽어보았다. 과연 깊고 맑은 물이 산굽이를 향해 힘차게 흘렀고 사진처럼 갈대숲도 점점 더 짙어져 갔다. 물고기도 아주 많았지만 수달은 보이지 않았다. 놈들이 있었다고 해도 나의 출현에 이미 피신했을 거고 대낮이어서 아예 굴에 틀어박혀 있는 건지도 모르겠다.

수달은 꼭 맞닥뜨려 보고 싶은 동물 중 하나였다. 그래서 놈들을 볼 수 있을까 하여 내린천, 동강, 왕피천, 남대천, 금강, 섬진강 등 아주 먼 곳까지 찾아가 본 적도 한두 번이 아니다. 하지만 무주의 금강 상류에서 바위에 남겨진 배설물을 본 게 지금까지의 유일한 성과다.

그런데 연풍은 면내 어디라도 냇물이 있으면 수달이 살며, 아무리 깊고 험한 골짜기라도 물고기만 있다면 어김없이 찾아온다고 한다. 사실 우리 집 부근도 놈들의 순찰 구역에 속한다는 여러 가지 방증이 있다. 그렇다면 나로서는 정말 멋진 곳으로 귀촌한 게 틀림없는데, 문제는 한 번도 확실한 증거를 잡지 못했다는 거다.

놈들은 깊은 밤에 몰래 들어와 내 연못을 약탈하곤 했는지 모른다. 특히 백련못이 의심스럽다. 거기엔 팔뚝만 한 비단잉어가 꽤 있었는데, 올봄에는 해빙 이후로 거의 본 적이 없다. 원인은 분명치 않지만 대부분 사라졌다는 건 확실하다. 재작년까지만 해도 둑에 작은 동전만 한 비늘이 널브러져 있는 경우가 종종 있었는데, 무언가가 둑에서 비단잉어로 느긋하게 만찬을 즐긴 흔적이다. 개들을 키운 다음부터는 그런 일이 없어졌다. 하지만 대형 비단잉어는 꾸준히 줄어들었다.

개가 세 마리나 주변을 배회하지만 야생동물의 침입을 완전히 막지는 못한다. 수목이 우거지면서 침입자들은 오히려 더 늘고 있는데, 원앙만 해도 본래 한 쌍에 불과했지만 지금은 두어 쌍이 날아들며 오리도 두 배로 불었고 이제는 족제비들마저 제집처럼 드나든다. 물새들은 개가 털이 젖는 걸 싫어한다는 사실을 간파한 뒤로는 연못 가장자리에서도 아주 한가롭게 헤엄치며 논다.

수달이 침입해 왔다면 비단잉어만 잡지는 않았을 거다. 연못마다 붕어와 동사리도 수두룩하기 때문이다. 그러나 비단잉어가 제일 많이 당했을 텐데, 색깔도 밝은데다가 몸집마저 커서 어두운 밤에도 찾아내기가 아주 쉬웠을 거다.

하지만 범인이 수달이라는 건 심증에 불과할 뿐, 확고한 물증이 없다. 둑에 비늘이 흩어져 있다고 해서 그게 수달 흔적이라고 단정할 수는 없다. 무언가에 놀란 물고기가 점프 실수로 둑에서 퍼덕대다가 길고양이에게 잡혔을 수도 있고 너구리가 죽은 걸 건져 먹었을 수도 있다. 그러니 반드시 내가 직접 목격해야만 한다.

시골에서 살아본 사람이라면 족제비, 까치, 너구리 같은 야생동물이 얼마나 영리하고 집요한지를 한두 번쯤은 겪었을 거다. 수달 역시 그렇고, 어떤 면에서는 더 그렇다고 볼 수 있다. 놈들은 장난기마저 넘친다니까.

면 소재지에서 수안보로 넘어가는 골짜기에 송어 양식장 겸 횟집이 하나 있다. 일 년에 두어 번쯤 찾는 곳인데, 특이한 건 양식장에 철망을 두르고 그 안에 진돗개 두 마리를 키운다는 점이다. 주인을 빼면 사람이든 짐승이든 누구도 철망 안으로 들어갈 수 없고 개도 밖으로 나올 수 없다. 나는 주인이 개를 아주 좋아해서 넓은 공간에 풀어놓고 키우는 거려니 생각했다. 어느 날, 그 까닭을 물었다가 뜻밖의 대답을 들었다.

"수달들 때문에 그래요!"

"아니 수달이 이 깊은 곳까지 올라와요? 개울에 흐르는 물도 별로 없는데… 발목 깊이나 되려나?"

"얼마나 극성인데요. 물고기 냄새만 나면 귀신같이 찾아와요. 장마철에는 우글우글해요. 냇가에 있는 집은 마당까지 들어오곤 해요."

주인은 십 년 전에 귀촌한 수도권 사람으로, 처음에는 수달 피해가 극심했다고 한다. 일단 한 놈이라도 침입하면 양식장을 쑥대밭으로 만들어 버리는데, 먹지도 않으면서 송어를 닥치는 대로 물어 죽인다는 거다. 그래서 처음에는 불침번으로 개를 키웠다. 하지만 개도 졸 때가 많고 물속에 들어가려 하지 않았다. 할 수 없이 나일론 그물을 쳤다. 수달은 그물을 찢거나 들추거나 틈바구니를 비집고 들어왔다. 이번엔 굵고 촘촘한 철망을 땅속부터 사람 키 높이만큼 빈틈없이 둘렀다. 그래도 배수로를 타고 침입했다. 배수구마저 철근으로 막은 다음부터는 그 앞에서 좌절하고 되돌아간다.

우리 아랫집, '평택네'에서도 비슷한 과정이 진행될 조짐이다. 한 달 전 즈음, 그 집 연못에 농업용 그물이 둘러쳐졌다. 가정집 연못은 조경과 정서 생활이 주된 목적일 텐데, 보기에도 흉한 그물을 자신도 접근하기 어렵게 촘촘히 친 이유가 이해되지 않았다.

어느 날, 아내가 마을에 갔다가 자초지종을 알아 왔다. 평택네는 이른 봄에 향어와 잉어를 잔뜩 사다 넣었다. 하지만 일주일 뒤에 와보니 한 마리도 없었다. 사람들은 수달이 범인일 테니 그물을 치라고 충고했다.

그러나 내가 보기에 그 그물은 허점이 너무 많다. 햇빛에 쉽게 삭고, 잘 찢어지고, 솜처럼 가벼워서 들추기 쉽고… 수달의 침입을 기어이 막아야만 한다면 결국은 그 양어장 같은 난공불락의 요새를 지어야 한다. 하지만 그렇게 하면 정원 연못으로서는 아무런 구실을 못 한다. 그러니 언젠가는 모든 걸 단념하고 원점으로 되돌아가게 될 텐데, 주인이 어떤 단계에서 그런 결단을 내리게 될지 자못 궁금하다.

내 생각에, 먹을 게 많고 쉽게 배를 채울 수 있다는 걸 수달이 아는 한 연못을 지킨다는 건 일찌감치 포기하는 게 낫다. 차라리 모든 장애물을 없애고 자기 연못에 천연기념물인 수달이 들락거린다는 걸 뽐내는 게 현명할 텐데, 바로 내가 선택한 길이다.

나는 물고기가 아깝다고 생각해 본 적이 없다. 오히려 수달이 찾아주기를 바라는 마음인데, 놈들이 아무리 자주 잠입한다고 해도 물고기 씨가 마를 염려는 없다. 물고기의 번식력이 수달의 식욕을 한참 앞서기 때문이다.

　수달이 발견된다면 내 연못의 자랑거리가 하나 더 늘게 된다. 연못에는 이미 천연기념물만 해도 원앙새, 황조롱이, 말똥가리가 찾아오고 있으며, 거기에 버금가는 걸로 자라, 애반딧불이, 늦반딧불이 등등이 있는데, 수달까지 추가된다면 그야말로 '야생의 보고'가 된다.

* * *

　올여름에 이 두 가지만은 꼭 해 볼 생각이다. 하나는 연풍면을 샅샅이 뒤져 수달 서식지와 개체 수를 조사하는 거고 다른 하나는 깊은 밤, 연못에 들이닥쳐 놈들의 존재를 눈으로 확인하는 거다.

　그건 그렇고… 주민들이 수달의 존재를 알면서도 구체적인 장소에 대해서는 함구하는 까닭이 뭘까? 자기 땅이나 주변이 천연기념물 보호구역으로 지정이라도 되고 그래서 재산권 행사에서 불이익을 당하게 될지도 모른다는 우려 때문일까? 그러나 여러 가지 정황으로 보아 최근에 개체 수가 급증하는 것 같고 누구도 수달을 잡는다든가 못살게 군다든가 하는 것 같지는 않으므로 현 상태만 유지된다면 연풍면의 수달 보존은 문제가 없을 듯하다.

2

홍련못에서 난리가 났다. 물에서는 첨벙대는 소리가 들려오고 개들은 둑을 뱅뱅 돌며 맹렬히 짖어댄다.

맙소사, 수달이다! 자맥질과 숨쉬기를 반복하며 연못을 헤집는 중인데, 움직일 때마다 연잎 줄기가 좌우로 갈라져 위치를 금방 알 수 있다. 놈은 이미 연못에 익숙한 듯 주변의 소란에도 아랑곳하지 않고 태연하게 물고기 약탈을 계속하더니 개들이 한쪽에 몰려 있는 틈을 타 순식간에 백련못으로 내려간 다음 어느새 도랑을 타고 냇물로 튄다. 방심했던 개들도 헐레벌떡 뒤쫓는다. 하지만 쿵쿵거리며 개울을 오르내리기만 할 뿐 좀처럼 행방을 찾지 못한다. 아마 냄새가 남지 않도록 교묘히 물을 타고 내려가 아랫집 연못에 은신했을 거다.

평소에는 지나쳤지만 지금 살펴보니 도랑이 냇물과 만나는 곳 주변에 수달 배설물이 여기저기 흩어져 있다. 놈이 상습적으로 내 연못을 들락거렸다는 확고한 증거다. 한밤중에 개들이 연못을 포위하고 심하게 짖어댈 때가 종종 있었는데, 그때마다 고라니려니 했지만 일부는 수달이었나 보다!

놈들이 장난기 넘치는 극성 사냥꾼이라는 건 의심의 여지가 없다. 개가 지키는 줄 알면서도 훤한 대낮에 들어와 놈들 눈앞에서 조롱하듯 물고기를 털어가는 걸 보면!

3

"저거 수달 아냐? 맞네, 두 마리나 되네!"

얼른 차를 세웠다. 아내가 어디냐고 다그치듯 묻는다.

"어머, 어머… 엄청나게 크네! 아주 신들이 났네!"

국도에서 우리 동네로 들어오는 삼거리 근처의 큰 보 바로 아래 웅덩이에서 성체 수달 두 마리가 자맥질과 뜀뛰기를 반복하며 신나게 놀고 있다.

"그런데 저걸 어떻게 봤어? 운전 중이었잖아? 눈도 참 좋네!"

냇물을 흘금흘금 곁눈질하는 게 내 운전 습관 중 하나다. 오늘

은 어떤 오리들이 날아왔는지? 가마우지 떼는 지난번 그 자리에 아직 있는지? 여울가 목 좋은 사냥터를 백로가 차지했는지 왜가리가 차지했는지? 냇가를 거닐던 겁많은 해오라기가 모래를 박차고 푸드덕 날아오르는지? 저기, 풀숲이 흔들리는 게 혹시 은신한 수달 때문이지는 않은지?

올해는 장마가 두 달이나 계속된 탓에 평년보다 개울물이 불어 있다. 다만 지난 며칠간은 비가 잠잠했는데, 그 덕에 물이 맑아져 수달이 물고기를 찾는 데 어려움이 없나 보다. 저 웅덩이는 근처에서 가장 깊다. 나도 물고기를 잡으러 종종 들어가 봤는데, 지금 같은 장마철에는 한 길이 넘는다. 게다가 넓고 잔잔해서 붕어, 메기, 동사리 같은 큰 물고기가 아주 많으며 홍수를 타고 상류로 올라가던 갈겨니와 피라미, 모래무지, 참마자들이 잠시 쉬어가는 곳이기 때문에 이맘때는 뜨내기 물고기도 득실득실하다.

하지만 저기서 수달을 본 건 처음이다. 아마 수달 숫자가 늘어나서 새 영토를 개척해야만 했던 젊은 쌍이 이제 갓 정착한 게 아닐까 싶다.

아내가 사진은 충분히 찍었으니 좀 더 가까이 가서 보자고 한다. 조심조심 문을 열지만 놈들은 이쪽을 흘끗 쳐다보고는 물에서 나와 껑충껑충 뛰어 갈대숲으로 들어간다. 놈들이 움직이지 않으니 어떤 게 수달이고 어떤 게 바위인지 전혀 모르겠다.

지금껏 수달은 야행성이라고 들어왔다. 하지만 저 녀석들을 보니 밤낮 안 가리는 전천후 사냥꾼이라는 게 옳은 말일 것 같다.

4

혹한과 폭설로 겨우내 갇혀 지냈던 아내가 날이 풀렸으니 오랜만에 아랫집으로 놀러 가잔다. 나는 이왕이면 냇가를 따라가자며 함께 집을 나선다.

며칠 전까지만 해도 썰매를 타고 마을까지 내려갈 수 있을 만큼 냇물이 꽁꽁 얼어붙었었는데, 요 며칠 사이에 거의 다 녹았다. 갯버들 꽃눈들이 하나둘씩 갈색 고깔을 벗고 하얀 솜털을 내밀기 시작한다. 보름쯤 지나면 냇가는 꽃의 아지랑이가 빨갛고 노랗게 한들거릴 거다. 수온도 높아졌는지 그동안 깊은 물에서 옴짝달싹 안 하던 버들치들이 슬금슬금 쏘다닌다. 성급한 놈들은 벌써 상류로 올라가려는 듯, 여울을 헤집고 있다.

"저기 버들치들 보여?"

"세상에! 바글바글하네!"

사방에 버들치가 널렸지만, 밭 귀퉁이에 홀로 서서 냇물로 그림자를 드리우는 보리밥나무 밑에 가장 많다. 놈들은 꼬리에 꼬리를 물고 뱅글뱅글 돌며 숨바꼭질을 하고 있다. 물 밖으로 내민 등지느러미들 때문에 수면이 어지럽게 흔들린다. 보고 있던 아내도 덩달아 기분이 좋아졌는지 한마디 한다.

"쟤들도 봄이 좋은가 보네!"

돌아오는 길, 작은 새들도 신이 났다. 박새 몇 놈이 뽕나무 가지와 청미래덩굴을 요리조리 누비며 부산을 떤다. 아직 짝을 찾기에는 이르지만 온화한 날씨 탓에 솟구치는 사랑의 본능을 주체할 수 없나 보다. 어디선가 노랑턱멧새가 날아오더니 버들가지에 앉아 냇물을 굽어본다. 놈은 겨울을 털어낼 목욕 장소로 얕고 잔잔하고 양지바른 웅덩이를 찾는 중이다.

"어라, 저게 어떻게 된 거지?"

내가 중얼거리자 아내가 놀라서 묻는다.

"뭐가?"

"저기, 보리밥나무 아래!"

"정말! 누가 저기서 목욕했나?"

보리밥나무 아래에 사방으로 물이 튄 자국이 선명하다. 자세히 보니 근처 돌과 모래가 모두 흠뻑 젖어 있다. 작은 새가 목욕하며 튀긴 물방울 자국이 아니라 뭔가 큰 짐승이 불도저처럼 여울을 훑은 흔적이다. 돌들의 위치도 아까와는 조금씩 바뀌었다.

"방금까지 여기에 있다가 우리를 보고 도망친 것 같은데, 도대체 뭘까?"

"멧돼지겠지 뭐! 멧돼지는 목욕을 좋아한다며?"

멧돼지가 좋아하는 건 진흙 목욕, 그러니까 일종의 머드팩인데, 여기는 바닥에 돌과 모래밖에 없다. 게다가 놈들이 아무리 대담무쌍하다고 해도 굶어 죽기 직전이 아닌 한 대낮에 민가 근처까지 내려오지는 않는다.

"아마 수달일 거야!"

"글쎄 …"

"확실해, 여기 흔적을 좀 봐!"

보리밥나무 뒤의 언덕을 10미터쯤 오르면 바로 백련못이 나오는데, 경사가 심해서 지난여름 폭우 때 생긴 작은 물길 흔적이 있다. 지금 보니 그게 훨씬 뚜렷해졌다.

"녀석이 여기를 통해 연못을 오르내린 게 틀림없어. 본래는 도랑을 타고 우회했겠지만 지름길을 찾아낸 거야. 여기, 놈 때문에 흘러내린 돌들 좀 봐!"

버들치는 작아서 수달로서는 한낱 간식거리밖에 되지 않는다. 하지만 떼로 모여 있다면 이야기가 다르다. 그건 그렇고 … 방금까지만 해도 여기에 수달이 있었으니 혹시 근처에 굴도 있지 않을까? 날이 더 풀리면 운동 삼아 재미 삼아 냇물 주변의 바위틈을 샅샅이 조사해봐야겠다. 운이 좋으면 새끼들을 볼 수 있을지도 모르고!

달래강의 자라

1

20년 전 즈음이다. 추석을 쇠러 고향에 갔다가 밤에 랜턴과 족대를 들고 어린 시절의 놀이터였던 시내를 찾았다. 그 냇물은 잔돌이 많아 동사리와 퉁가리가 흔했다. 잔잔한 모래톱 물속에는 커다란 갈겨니가 지천으로 널려 있었지만, 놈들은 건너뛰고 동사리와 퉁가리를 잡으려 자갈밭만 뒤졌다.

물살이 약하고 발목 깊이밖에 안 되는 얕은 여울 한가운데 유난히 밝고 납작한 둥근 돌이 살포시 잠겨 있었다. 워낙 특이하고 도드라져 보여 호기심에 다가가니 그게 갑자기 움직이면서 물속을 허우적대는 게 아닌가! 소스라치게 놀라 몇 걸음 물러나서 생각해보니 여울을 헤집는 납작 돌이라면 자라밖에 떠오르는 게 없었다. 조심스레 접근해서 그 미지의 생명체를 내려다보았다. 세상에! 정말 자라였다. 등딱지가 10센티나 될까 말까 한 어린놈으로 물이 수정처럼 맑아

눈동자까지 똘망똘망 보였다. 놈은 딱히 숨을 만한 곳이 없었는지 내 발목을 맴돌았다. 냉큼 족대로 건져서 집으로 돌아와 빈 항아리에 넣어 두었다.

다음날, 이웃 사람들이 놈을 보러 왔다. 세숫대야에 꺼내 놨다. 거기서 평생을 살아온 토박이들도 대부분 근처에서 잡힌 자라는 처음 구경하는 모양이었다. 생김새나 하는 짓이 얼마나 귀엽고 깜찍한지 저마다 부드러운 등딱지를 쓰다듬어 보기도 하고 삐죽 내민 사지를 살짝 건드려 보기도 하며 신기해 했다. 놈은 낯선 환경에 겁을 먹었는지 주둥이에 뭐가 닿으면 얼른 목을 움츠려 등딱지 속에 숨었다가 주변이 잠잠해지면 다시 길게 빼서 물 밖으로 코를 내밀었다.

그날 저녁, 놈은 잡았던 곳에 풀어주었다. 훗날, 어엿한 성체로 다시 만나게 되기를 기대하며.

* * *

괴산읍에서 우리 동네로 오는 길은 두 갈래가 있다. 하나는 뾰족뾰족한 산들을 헤집고 좌충우돌 흘러가는 개울을 따라 구불구불 이어지는 2차로의 옛 국도이고, 다른 하나는 들판을 가로지르고 산을 꿰뚫으며 일직선으로 내달리는 4차로의 새 국도이다. 나는 급한 경우가 아니라면 거리는 조금 멀지만 하천과 산이 어우러진 옛길을 택한다. 오갈 때마다 주변 농작물의 생육 상태, 냇물 수위와 빛깔, 그리고 우점종 야생화들이 조금씩 바뀌면서 늘 새로운 볼거리를 제공하기 때문이다. 냇가에 늘어선 병풍 같은 절벽들이 장관을 이룬다는 사실도 빼놓을 수 없는 이유지만.

옛 국도 구간 중 가장 눈여겨보는 곳은 벼랑 위의 오래된 정자가 개울을 굽어보는, 아랫동네 어귀의 콘크리트 보洑 근처다. 이곳은 냇물과 찻길이 바로 붙어 있을 뿐만 아니라 찻길이 냇물보다 훨씬 높아서 운전 중에도 물속까지 훤히 살필 수 있다. 이곳을 지날 때는 되도록 서행하는데, 경치도 좋고 냇가 관찰도 편해서이지만 우리 동네로 들어가려면 이제 이 멋진 냇물과 헤어져야 한다는 아쉬움도 큰 이유이다.

열흘 전, 그곳을 지나다가 소沼 중간에 드러난 바위 두 개가 이상한 모습을 하고 있어서 얼른 차를 세웠다. 둥그스름한 꼭대기에 사방으로 작은 돌기가 삐져나온 넓적한 돌이 하나씩 얹혀 있는 형상이었는데 냇물 중간에 그런 바위가 있을 수는 없었다. 폭우로 거센 물살이 하천을 휩쓸 때 이리저리 굴러다니는 자갈들에 맞아서 진작 돌기들이 떨어져 나갔을 것이기 때문이다.

거북 말고는 추측되는 게 없었다. 누군가 집에서 키우다가 버린 미시시피붉은귀거북일 수도 있고 토종인 남생이나 자라일 수도 있었다. 하지만 유난히 납작한 모습이 자라에 제일 가까웠다. 차창을 내리고 찬찬히 살펴보니, 역시나! 사지를 뻗고 한가롭게 일광욕을 즐기는 자라였는데, 등딱지가 한 뼘이 넘는 성체 같았다. 가까이 가서 사진을 찍으려 문을 열자 헐레벌떡 기어 내려 물속으로 사라졌다.

소 귀퉁이에 복숭아 과수원이 있다. 마침 수확철이어서 한 상자 사러 들렀다. 주인은 갓 딴 복숭아를 맛보기로 깎아주며 이런저런 이야기를 늘어놓았다. 나도 궁금한 게 있었다.

"아 참, 이 개울에 자라가 사는 모양이에요? 방금 요 아래 보에서 두 마리를 봤는데…"

"그래유? 하긴, 근처에 자라가 많아유. 우리도 지난봄에 네 마리나 잡았는디유?"

"아니, 어디서요?"

"모내기하려 저 건너 논에 물을 댄 다음 트랙터로 갈고 있었는데, 큰 물꼬마다 한 마리씩 있었어유."

"어떻게 논에?…"

"냇물에서 도랑을 타고 들어오나 봐유."

"그래, 어쩌셨어요?"

"친지들에게 한 마리씩 보내줬지유, 뭐! 몸보신이나 하라구…"

"……"

말은 하지 않았지만 자라는 매우 희귀한 보호종이다. 나로서도 야생에서 자라를 본 게 이번이 두 번째에 불과하다. 그러나 현장에서는 이런 사실을 아는 사람이 거의 없다. 우리 동네 주민들 말로는 심지어 십리 아래의 큰 보 근처에 사는 어떤 농부는 매년 여름, 번식을 위해 상류로 올라가려고 보 밑에 모여드는 자라를 잡아서 비싼 값에 내다 판다고 한다. 사실, 수백 종에 이르는 보호 동식물 목록을 속속들이 꿰고 있는 사람이 전국에서 몇이나 되랴!

이 냇물은 남한강으로 흘러드는 달래강의 최상류에 해당한다.

최근에 들은 소문으로는 달래강은 다른 하천에 비해 자라가 많다고 한다. 훤한 대낮에, 움직이는 자동차 안에서도 그 존재를 확인했을 정도니 그렇기는 할 것 같다. 어쨌든 우리 고장에 자라가 있다는 건 내게 또 하나의 기쁨이었다.

    냇물 주변 사람들이 거리낌 없이 자라를 잡아간다는 사실을 알게 된 후, 내가 본 놈들의 안위가 은근히 걱정되었다. 혹시 자라를 봤다는 말이 퍼져 누군가 놈들을 잡으려 주변을 뒤질지도 모를 일이었다. 그래서 복숭아 과수원에서부터 정자 아래까지를 지날 때는 더욱 세심히 냇물을 살폈다. 하지만 아쉽게도 더는 보지 못했다.

지난 일주일은 휴가철이었다. 냇물은 밤낮없이 다슬기와 물고기를 잡는 외지인들로 붐볐다. 그래서 더욱 조바심이 났다. 아무래도 날을 잡아 냇물을 샅샅이 조사해서 놈들의 행방을 확인해 봐야만 직성이 풀릴 것 같았다.

마침 어제, 오랜만에 외사촌 삼 형제가 놀러 왔다. 우리 네 사람은 낙동강 지류인 죽계천과 내성천에서 멱도 감고 고기도 잡으면서 유년기를 함께 보낸 죽마고우 같은 사이다. 옛 추억을 되살려 캄캄한 밤에 천렵하기로 했다. 달래강 상류의 야간 생태계 탐사도 겸해서.

넷은 정자에서 3킬로 하류의 커다란 보 아래까지 내려갔다. 저마다 랜턴을 켜고 시내를 가로질러 나란히 섰다. 꺽지와 동사리, 미유기 등을 골라잡으며 천천히 상류 쪽으로 거슬러 올라갔다. 긴 가뭄 탓에 제일 깊은 곳도 허리 정도밖에 안 되었다. 종종 우리들의 접근에 놀란 고라니들이 냇가 갈대숲 잠자리에서 후다닥 튀어 나갔다. 그럴 때마다 우리도 놈들만큼이나 깜짝깜짝 놀랐다.

'물 반, 고기 반'이랄 정도로 엄청나게 고기가 많았다. 물이 바짝 줄었기 때문인데, 보 쪽으로 다가갈수록 더욱 그랬다. 아마도 불볕더위와 함께 물고기 밀도가 너무 높아 놈들은 그나마 신선한 물이 쏟아지는 보 바로 아래로 모이는 것이리라!

보 위는 넓은 소였다. 그런데, 어처구니없게도 여기저기에 초크(자망)가 버려져 있었다. 초크는 냇물에 가로로 드리우는 그물로, 허가를 받은 사람만 사용할 수 있다. 그러나 내가 알기로 우리 고장에는 그런 사람이 없다. 그러니 이 초크들은 모두 불법이라는 뜻인데, 대부분은 행락객들이 서툰 솜씨로 몰래 쳤다가 회수하지 않고 내버린 것들이다. 하지만 방치한 그물도 치명적이기는 마찬가지다. 언젠가 내린천에서 버려진 초크에 천연기념물인 어름치 한 떼가 걸려 썩어가는 걸 보고 기겁한 적이 있다.

자라도 혹시 그런 봉변을 당하지는 않았을까? 불안감 속에 개울을 거슬러 올라 이윽고 정자 아래 마지막 보까지 왔다. 자라가 있던 소 안으로 들어섰다. 물은 허벅다리 깊이였다. 쉬리, 돌고기, 납자루, 돌마자, 기름종개 같은 작은 고기들이 바닥에 가득했고 자갈 위는 다슬기로 빼곡했다. 하지만 자라는 없었다.

이런저런 생각에 잠겨 소 중간에 이르렀을 때, 얼마 전에 친 것 같은 깨끗한 초크를 발견했다. 메기, 피라미, 갈겨니, 꺽지, 참마자, 모래무지 등 굵은 물고기가 주렁주렁 매달렸고 모두 살아 있었다. 다행히 자라는 걸리지 않았다. 놈들은 워낙 은밀하고 영리한 동물이니 용케 이 초크를 피해 조금은 안전한 상류로 올라갔을까? 아니면 이런 겹겹의 포위망 속에 진작 포획됐을까? 자라의 행방을 의문으로 남긴 채 우리는 거기서 걸음을 돌렸다.

2

여름이 끝나갈 무렵, 황도를 사러 다시 과수원에 들렀다.

"그런데, 작은 자라는 안 잡혀요?"

"웬걸유, 해마다 두세 놈은 나와유."

"그건 어떻게 하세요?"

"아, 큰 거랑 같이 보내유. 덤으로…"

"그럼, 내년부턴 내가 모두 살 테니 모아두실래요?"

"아니, 뭐 하시려고? 잡수려고?"

"집에 큰 연못이 두 개 있는데, 풀어놓고 키워보려고요."

이듬해 봄, 과수원에서 연락이 왔다. 어린 자라 두 마리가 있으니 가져가라는 거다. 주인은 내게 물을 담은 비료포대를 건네며 돈을 받을 생각은 없지만 생물은 그냥 주는 게 아니라며 마리당 만 원만 달라고 했다. 냉큼 지불하고 집으로 돌아와 세숫대야에 내용물을 쏟아부었다. 정말 트랙터로 써레질을 하다가 붙잡았는지 뭔가 딱딱한 게 시커먼 물과 함께 쏟아져 바닥에 부딪히는 둔탁한 소리가 두 번 들렸다. 대야 속에서 살살 움직이는데, 자세히 보니 자라가 콧구멍만 내밀고 숨을 쉬는 거였다. 크기를 가늠할 수 없어서 맑은 물로 갈아줬다.

각각 아이와 어른 손바닥 크기였다. 놈들은 작고 귀엽지만 생각 밖으로 사나웠다. 손가락이나 작대기 같은 움직이는 물체가 입 근처에만 오면 일단 물고 늘어지는 게 습성이었는데, 거북과 달리 온몸이 부드럽고 조금 말랑말랑했다. 스트레스가 심했는지 그냥 두어도 서로의 꼬리를 물고 대야 속을 뱅뱅 돌았다. 작은놈도 깡다구가 보통이 아니어서 몸싸움에서 절대로 큰 놈에게 밀리지 않았다.

내 연못은 자라가 여름을 보내기에는 괜찮다. 하지만 둑이나 주변에 부드러운 진흙이 별로 없어 마땅한 겨울잠 자리나 산란터가 부족하다. 내 의도는 연못의 보호 아래 여름내 어느 정도 자란 다음에는 배수로를 타고 탈출해서 본래 살던 냇물로 자연스레 되돌아가도록 하는 거였다. 그런 식으로 해마다 어린 자라를 구원해 연못에 방생하면 개체 수 회복에 약간이나마 도움이 될 것 같았다.

그해 늦여름의 어느 날, 개들이 정자 밑을 향해 요란스럽게 짖어댔다. 커다란 자라 한 마리가 한복판에서 개들에게 포위된 채 우왕좌왕하고 있었다. 얼마나 잘 먹었는지 몇 달 만에 등딱지가 한 뼘이 넘을 만큼 자랐다. 아마도 둘 중 큰놈이었을 거다. 놈은 잠시 머뭇거리다가 결단을 내렸는지 연못을 향해 냅다 뛰었다. 개들이 코를 들이밀고 짖어댔지만 앞만 보고 내달렸다. 당황한 건 오히려 개 쪽이었는데, 난생처음 보는 괴상하고 용감무쌍한 생물이 거의 발등 위로 지나가는 걸 구경만 해야 했다. 자라는 축대 바위를 넘어 연못으로 다이빙했다. 개들은 바위에 남겨진 냄새를 만끽하는 걸로 아쉬움을 달래야 했다.

깨달은 게 있는지 자라는 그 후 연못 밖으로는 나오지 않았다. 일광욕을 하더라도 중앙의 작은 섬으로 올라갔고 둑에 개가 얼씬거리면 곧바로 물속으로 도망쳤다.

작년에도 어린 자라 두 마리를 새로 넣었다. 놈들의 결말은 아직 알지 못한다. 십중팔구는 찬 바람이 불기 전에 연못을 떠났을 테지만 양지바른 어딘가를 파고 겨울을 났을지도 모른다. 개들이 유난히 파헤치는 지점이 두어 곳 있는데, 연못을 조성할 때 부드러운 진흙만 채운 곳이다. 또 다른 가능성으로… 종종 잠입해 연못을 약탈하는 수달 뱃속으로 들어갔을 수도 있다. 설마, 아니겠지만!

3

작렬하는 태양에 바위마저 녹아내릴 것 같다. 아내가 화양동 계곡으로 피서를 가잔다. 거기도 무덥기는 마찬가지일 텐데, 집에서는 딱히 할 일도 없어 그러자고 한다.

평일인데도 행락객이 많아 주차가 쉽지 않다. 문을 열자마자 달궈진 콘크리트 바닥이 내뿜는 열기로 숨이 턱 막힌다. 그렇지만 탐방로부터는 가로수가 우거져 그런대로 견딜만하다.

계류를 건너는 첫 번째 다리가 나타난다. 한 줌의 그늘도 없는

뙤약볕이 50미터쯤 이어진다. 하지만 나는 이 구간, 그것도 가장 달아오른 다리 한복판이 제일 좋다. 거기에 서서 하류 쪽을 내려다보면 저 멀리까지 바위를 돌고 갈대와 갯버들 숲을 가르며 좌충우돌 흘러가는 시냇물이 한눈에 들어온다.

그러나 더 멋진 곳은 다리 바로 아래다. 거기는 깊은 웅덩이로 큰 바위들이 잠겨 있는데, 으슥한 곳마다 손바닥 크기의 꺽지가 한 마리씩은 잠복해 있다. 꺽지는 대개 야행성이지만 거기서는 대낮에도 물고기 사냥 광경을 심심찮게 볼 수 있다.

역시나! 바위 밑 그늘진 곳에 숨어 있던 커다란 꺽지가 용수철처럼 튀어나와 무심코 지나가는 납자루 떼를 덮친다. 혼비백산한 납자루들은 사방으로 도망치고 허탕을 친 꺽지는 쑥스러운 듯 은근슬쩍 제자리로 돌아온다. 녀석은 엄청난 미식가다. 녀석이 노리는 납자루는 묵납자루인데, 꺽지는 웬만한 시골 개울에서 흔히 볼 수 있지만 묵납자루는 보호종이 될 만큼 사는 곳도 제한적이고 개체 수도 많이 줄었다. 번식기의 수컷은 빛깔이 오색찬란하다 못해 신비로울 정도로 아름다운데, 얼마 전까지만 해도 한강수계, 특히 북한강수계에 꽤 흔했었다. 십여 년 전, 홍천군 서석면 부근의 홍천강 지류에서 족대로 수로를 뒤졌을 때, 잡히는 고기는 거의 묵납자루였다.

묵납자루가 보호종이 된 것에는 수질오염, 서식지 훼손 등 여러 가지 이유가 있겠지만 남획도 큰 몫을 차지할 거다. 한때, 묵납자루는 관상용으로 아주 인기가 있었다. 워낙 예쁜데다가 어항에 잘 적응하고 먹이도 까다롭지 않아 기르기가 쉬웠다. 옛날에는 청계천의 관상어 전문점에서 쉽게 살 수 있었지만 보호종이 된 뒤로는 볼 수 없

어졌다. 그러니 저 꺽지는 귀하디 귀한 물고기를 한낱 먹이로 삼고 있는 셈이다.

물고기들의 생존경쟁을 구경하며 상념에 잠겨 있는데, 아까부터 건너편 나무 그늘에서 기다리고 있던 아내가 짜증을 못 이기고 소리친다.

"아, 거기서 혼자 뭐 해? 더워 죽겠어, 빨리 와!"

냇물 건너 절벽 위, 고즈넉한 한옥 한 채가 햇빛을 가득 안고 골짜기를 굽어본다. 우암 송시열이 말년에 후학을 키웠다는 암서재다. 당시 사람들은 저 집을 어떻게 드나들었을까? 대문에서 내려오는 돌계단이 벼랑에서 끊어진다.

꼭대기에 학이 둥지를 틀었다고 하는 학소대 절벽에 다다랐다. 애초 계획은 골짜기 끝까지 올라갔다가 택시를 타고 우회하여 주차장으로 가는 거였지만 아내는 이쪽에서 왔던 길로 되돌아가자고 한다. 얼른 집에 가서 시원한 물로 씻는 게 진짜 피서라고 생각한 모양이다.

골짜기 구석구석이 모두 아름답지만 돌아가는 길에 보아도 암서재 주변이 가장 빼어나다. 올라올 때보다 내려갈 때의 풍경이 더 멋진데, 탐방객들은 바위를 돌고 암반을 깎아내며 힘차게 흐르는 냇물 저 멀리 절벽 위에 우뚝 선 암서재를 정면으로 보며 걷게 되기 때문이다.

암서재를 지나면 산책로는 냇물과 조금 멀어졌다가 마지막 웅덩이인 운영담에서 다시 만난다. 여기서부터 아까의 다리까지가 하산길 가운데 제일 힘든 구간이다. 다리는 아프고 땀은 비 오듯 하는데 나무마저 듬성듬성해서 탐방객들은 고개를 푹 숙인 채 땅만 보고 걷게 된다.

하지만 운영담은 넓고 잔잔한 수면이 건너편 절벽과 어우러져 연출하는 멋진 풍경과 함께 늘 새로운 뭔가를 보여주기 때문에 나로서는 되도록 천천히 걷는다. 냇물 쪽을 바라보며 걷는 게 습관이기도 하지만.

지난 늦겨울에 지날 때는 이리저리 금이 가기 시작한 푸른 얼음과, 바위 주변에 생긴 반달 모양의 얼음구멍 속으로 보이는 오색의 맑고 깊은 물, 그리고 그 아래 잠긴 조약돌과 낙엽들이 봄을 소곤대는 듯했다. 오늘은 어떨까?

물은 여느 때처럼 바닥에 잠긴 모래알 하나하나가 식별될 정도로 맑다. 하지만 이런 뙤약볕이라면 물속마저 미지근할 것 같다. 나돌아다니는 고기가 하나도 없는 걸로 보아 놈들도 어디론가 피서를 갔나 본데 … 아니다! 저기 움직이는 게 있다!

누런 접시 같은 게 건너편의 깊은 곳에서 나와 이쪽 모래톱으로 다가온다. 가까이 올수록 둥글고 납작한 돌처럼 보이는데, 바닥에도 짙은 그림자가 동행한다. 도대체 뭐지? 돌이 돌아다닐 리는 없고…

'와! 자라네!'

놈은 대담하게도 내 발밑까지 왔다가 큰 반원을 그리며 느릿느릿 하류 쪽으로 방향을 튼다. 놈도 나만큼이나 호기심이 넘치는지 바위와 돌멩이마다 코를 들이밀며 밑바닥까지 철저하게 뒤져본다. 얕게 잠긴 돌멩이 아래에 옹기종기 모여 느긋하게 더위를 피하던 작은 물고기들이 기겁하고 흩어진다. 목과 발을 뻗어 여기 기웃, 저기 기웃하며 어기적어기적 헤엄치는 모습이 마치 모래 스크린에 상연되는 공상과학영화의 외계인 우주선 같다.

혼자 보기 아까워 흥분을 못 이기고 저만치 앞서가는 아내를 소리쳐 부른다.

"여기 큰 자라가 있어! 얼른 와 봐!"

시큰둥한 대답만 돌아온다.

"그러네. 엄청나게 크네… 빨리 내려가자. 더워 죽겠어!"

다리 앞까지 오니 문득 저 녀석이 우리 집에서 나간 놈은 아닐까 하는 엉뚱한 생각이 든다. … 하지만 그럴 리는 없다. 내 연못과 이 냇물은 멀지만 연결되어 있다. 다만 그 중간에 자라가 도저히 오를 수 없는 큰 댐이 있다.

내 목적지를 아는지 길앞잡이 한 놈이 저만치 앞서가며 주차장으로 인도한다. 냇가에 아까는 보지 못한 팻말이 하나 있다. 이 계류에 서식하는 희귀종에 대한 안내인데, 묵납자루와 가는돌고기가 사진과 함께 설명되어 있다.

'…자라는 빠졌네? 그게 더 귀할 텐데…'

고라니

　폭우에도 아랑곳없이 방울소리가 요란하다. 금방울을 단 호진이와 은방울을 단 송이가 캄캄한 연못 둑을 뱅글뱅글 도는 소리다. 홍련못에 또 뭔가 들어왔나 보다!

　진돗개는 본래 그런가? 호진이와 송이는 강아지 때부터 사냥기가 유난스러웠다. 두 달 전, 한 번 키워 보려고 어린 고라니를 우리에 넣어두었는데, 호진이와 송이가 사납게 짖으며 철망 주변을 어지럽게 날뛰는 바람에 발견한 곳 근처에 다시 풀어 준 적이 있다.

　그 고라니는 미아였다. 어느 늦은 밤, 마을 주변을 산책하다가 메주 할머니네 콩밭에서 이파리를 훑어 먹고 있던 고라니 서너 마리와 마주쳤다. 큰놈들은 반대편 울타리를 뛰어넘어 산으로 도망쳤지만 새끼 하나는 자꾸 내게로 다가왔다. 우리 사이에는 그물이 쳐져 있었는데, 녀석은 내가 움직일 때마다 발아래로 뛰어들었다. 어린 철부지가 당황한 나머지 나를 어미로 착각했던 모양이다.

　울타리를 넘어가 잡아서 들어보니 크기에 비해 깃털처럼 가벼

왔다. 난 지 한두 달밖에 안 되는 듯, 몸은 솜털에 덮여 있었고 옆구리의 흰 반점들도 아주 또렷했다.

몇 년 전, 어떤 동네 사람이 덤불에서 어린 고라니를 주워 우유와 부드러운 풀을 주며 기른 적이 있다. 다 자란 다음에는 풀어 주었는데, 녀석은 그 후에도 종종 찾아와 사료를 얻어 먹곤 했다.

나는 그 사람의 경험이 은근히 부러웠다. 얼마나 귀엽고 재미있었을까? 홀로 된 새끼 고라니를 데려온 것도 그런 까닭이었다. 하지만, 웬걸! 밝은 곳에 와서 정신을 차린 내 고라니는 이미 길들일 수 있는 녀석이 아니었다. 우리를 만드는 동안 잠깐 온실에 가둬뒀는데, 그 쪼끄만 놈이 탈출하려 지르는 비명이나 점프는 성체 못지않게 힘이 넘쳤다. 젖 대신 준 우유나 부드러운 콩잎에는 눈길 한 번 주지 않고 이리저리 날뛰다가 사람이 다가가면 농자재 틈바구니를 비집고 들어가서는 쥐 죽은 듯 은신했다. '컹컹'대며 맹렬하게 온실 바깥을 맴도는 호진이와 송이에 대한 공포도 큰 이유였겠지만.

나흘 전 한낮이다. 정자 밑에서 비를 피하던 개들이 홍련못에서 나는 풍덩 소리에 벌떡 일어나 그쪽으로 뛰어갔다. 곧이어 개 세 마리가 줄지어 뜀박질하며 연못 둑을 지나 집 옆 비탈을 가로지른 뒤 길을 건너 두릅밭으로 들어갔다. 자세히 보니 제일 앞서 달리는 건 개가 아니라 어린 고라니였다. 밭 끝 쪽에서 희미한 비명이 들렸고 개들은 더는 보이지 않았다.

뭔가 심상치 않은 일이 벌어진 게 틀림없었다. 우산을 들고 개들을 찾아 나섰다. 송이는 곧 돌아왔고 호진이는 두릅밭 너머 들깨밭 가장자리에서 비에 흠뻑 젖은 채 우두커니 나를 바라보고 있었다. 녀석 앞에는 작고 누런 짐승 하나가 쓰러져 있었다.

고라니였다. 길이는 60센티, 키는 40센티, 체중은 5킬로쯤 됐다. 그런데 이상하게도 깊이 물린 흔적이 없었다. 머리에 이빨 자국이 있기는 했지만, 털이 약간 벗겨진 정도에 불과했다. 그건 이미 죽은 고라니를 끌고 오느라고 낸 가벼운 상처이지 결코 치명상이 아니었다. 무엇보다도 몸체든 주변 흙이든 피 한 방울 흘린 자국도 없었다.

그러니 호진이는 놈을 죽인 게 아니다. 그저 본능에 따라 쫓아갔을 뿐이다. 그렇다면? 고라니는 공포에 질려 심장마비로 죽은 게 틀림없다. 생전 처음 보는 시커먼 괴물이 자신을 덮치려 하니 어린 녀석이 얼마나 놀랐을까?

진돗개에겐 아직 야생성이 많이 남아 있는 것 같다. 호진이는 자신의 포획물에 누가 손을 대는 걸 극도로 싫어하며 나마저 경계했다. 그러거나 말거나 나로서는 고라니를 묻어줘야 하니 일단 집으로 끌고 왔다. 뒷마당 한편에 두고 삽을 가지러 간 사이 송이가 고라니에게 다가갔다. 호진이는 살벌한 눈빛으로 송이를 흘겨보더니 이빨을 드러내고 으르렁거렸다. 송이는 기겁하고 앞 잔디로 도망쳤다. 평소에는 그리도 다정하더니 전리품 앞에서는 추호의 양보도 없었다.

삽을 가지고 돌아와 보니 호진이는 억수 같은 비를 쫄딱 맞으며 고라니 앞에 우두커니 앉아 자신의 첫 사냥물을 지키고 있었다. 이대로 묻어버리면 녀석에게 상처가 될 듯싶어 맘껏 지킬 수 있도록 한 시간을 주었다.

고라니를 끌고 밤나무 아래로 갔다. 이번에는 호진이도 순순히 따라왔고 몇 미터 간격을 두고 송이도 따라왔다. 땅을 파고 고라니를 묻었다. 흙이 질척질척해서 깊이 파지 못해 한 뼘 정도만 덮었다. 송이는 나를 졸래졸래 따라왔지만 호진이는 미련이 많은지 거기서도 쭈그리고 앉아 고라니를 지켰다. 마치 가신 님의 무덤 앞에서 묵묵히 애도하는 모습으로!

야단을 쳐서 겨우 데리고 왔다. 비를 흠뻑 맞아 한기가 돌았다. 거실에서 따뜻한 커피를 홀짝이며 앞 잔디를 내다보니 송이는 집에 있는데 호진이가 사라졌다. 얼른 밤나무 아래로 달려갔다. 이런! 호진이는 흙을 헤치고 고라니를 반쯤 꺼내는 중이었다.

'이놈을 그냥!'

또다시 비에 젖어가며 고라니를 재차, 이번에는 훨씬 깊이 묻었다. 그래도 안심이 안 되어 고라니 냄새를 가리려 퇴비 두 포를 그 위에 뿌렸다. 호진이는 다시 무덤 위에서 킁킁거렸다. 하지만 그 지독한 악취를 감수하고 무덤을 파헤칠 정도의 미련은 없어진 듯했다. 내가 돌아서자 송이와 함께 마지못해 내 뒤를 따라왔다.

이틀 전 오후, 다시 홍련못에서 난리가 났다. 물풀을 뜯던 성체 고라니가 호진이와 송이에게 들켜 중앙의 섬으로 도망쳤다. 개들은 물을 건너지 못해 안절부절못하며 연못 주변을 뱅글뱅글 맴돌았다. 겁에 질린 고라니는 조릿대 덤불에 숨은 채 미동도 안 했다. 그런 대치가 한 시간쯤 계속됐다. 폭염 속에 고라니도 불쌍하고 개들도 탈진할 것 같아 사태를 빨리 매듭지으려 아내가 돌팔매로 고라니를 몰아

냈는데, 그게 큰 실수였다. 둑에서 대기하던 호진이는 뒷다리, 송이는 앞다리를 물어 놈을 물 밖으로 끌어냈다. 얼른 달려가 살펴보니 고라니는 아직 살아 있었지만 눈빛은 이미 삶을 포기한 상태였다. 개들을 떼어놓고 입은 상처를 살펴봤는데, 뒷다리 한 군데만 물린 자국이 선명했다. 하지만 출혈은 별로 없었고 그리 치명상도 아니었다. 얼마든지 도망칠 수 있을 정도였는데도 놈은 마지막으로 한번 꿈틀대더니 이내 축 늘어졌다. 그러니 놈도 아마 쇼크사했을 거다. 고라니는 웬만한 충격에도 심장마비를 일으키는 아주 연약한 동물인 듯하다.

지난번의 경험 때문인지 호진이도 송이도 전리품에 대한 애착이 많이 줄어들었다. 하지만 같은 실수를 반복하지 않으려 개들을 두어 시간 묶어 둔 다음 고라니를 앞산 기슭에 아주 깊이 묻었다.

어젯밤 새벽 한 시, 홍련못이 또 왁자지껄했다. 손전등으로 살펴보니 고라니 한 마리가 섬에 갇혀 있고 개들은 둑 위를 왔다 갔다 하며 낑낑댔다. 고라니는 갓 독립한 듯한 어린놈이었는데, 생각 밖으로 아주 침착했다. 조릿대 덤불에 납죽 엎드린 채 귀만 움직이며 개들의 동태를 살폈다. 한참을 지켜봤지만 개들은 포기할 줄을 모르고 고라니는 움직일 생각이 없었다. 그렇게 두 시간이 흘렀다. '졸려 죽겠는데… 어떻게 한담?' 고라니를 쫓아낼 수는 없었다. 그러면 그저께 같은 결말이 되풀이될 거다. 개들을 묶어두는 것도 좋은 생각은 아니었다. 그래봤자 냉큼 풀어달라고 온갖 난리를 칠 게 뻔했다. 아무래도 묘안이 떠오르지 않아 잠자는 아내를 깨워 무슨 방법이 없을지 물었다. 아내가 짜증을 내며 대꾸했다.

"아, 그냥 자! 개들도 지치면 졸겠지, 뭐! 그 틈에 고라니는 도망칠 거고."

내가 잠들 때까지 밖은 애타는 '낑낑'거림과 방울 소리로 시끌벅적했다. 몇 시간 눈을 붙이고 일어나 보니 개들은 앞 데크에서 자고 있었다. 얼른 연못으로 가보았다. 고라니는 사라졌고 섬은 비었다.

내가 돌아왔을 때도 개들은 곯아떨어져 있었다. 평소 같으면 아침 인사로 한바탕 소란을 피우는데… 어떻든 평화로운 결말을 다행이라 생각하면서도 놈들 뒤통수에 대고 한마디 했다.

"독 안에 든 쥐도 못 잡는 바보들 같으니! 잠이 오냐?"

우리 동네엔 유난히 고라니가 많아 농민들이 큰 손실을 본다. 그래서 5년 전 가을에 엽사들이 일제히 소탕한 적이 있는데, 골짜기 두 곳에서 무려 백 마리를 넘게 잡았고 우리 집터에서만 여섯 마리를 잡았다. 이듬해 봄에는 확실히 고라니 피해가 적었다. 하지만 삼 년 뒤에는 개체 수가 완전히 회복되어 지금은 들쥐만큼이나 많다.

놈들은 특히 우리 집과 농장 근처에 몰려 있다. 가장 가까운 이웃으로부터도 수백 미터나 더 들어온 외진 곳인데다가 농약도 거의 쓰지 않고 풀과 나무도 되도록 베지 않아 늘 먹을 게 넘치며 좋은 은신처가 널려 있기 때문이다. 하지만 가장 큰 이유는 연못이다. 놈들은 나보다 더 연못을 좋아한다.

고라니는 영어로 '워터 디어'water deer, 그러니까 '물사슴'이라 불릴 만큼 물을 좋아하고 헤엄도 잘 치며 물풀도 즐겨 먹는다. 연못에는 수초가 가득하고 깊이도 적당해 개를 키우기 전에는 연못마다 늘 한

두 마리가 찾아와 느긋하게 밤을 보냈고 집에서 가장 먼 왜개연못에서는 아예 한 마리가 상주했다. 지금도 사정이 크게 바뀌진 않았는데, 다만 황련못은 집을 지은 후에는 뒤뜰 귀퉁이가 되어 철없는 어린 고라니와 비단잉어를 낚아채려는 너구리들만 가끔 잠입할 정도가 되었고 홍련못은 개집에서 가까운 탓에 세상 바뀐 줄 모르는 순진한 방문객들이 호진이와 송이에게 온갖 수난을 당하고 있을 뿐이다.

산과 들에 고라니를 비롯한 야생 짐승이 많다는 것 자체는 나쁘게 없다. 어떤 이들은 고라니의 번성을 두고 생태계가 되살아난 증거라며 좋아할지도 모르겠다. 하지만 우리 동네에만 백 마리가 넘고 홍련못에서만 이틀에 한 마리꼴로 잡힐 정도라면 도가 지나쳐도 한참 지나치다. 게다가 아무리 솎아내도 이삼 년이면 완전히 복원된다는 것 또한 큰 문제이다.

특정 종의 과잉 번성은 생태계에 뭔가 이상이 있기 때문인데, 고라니의 경우는 포식자가 없는 탓이다. 우리나라에는 반달곰을 빼면 고라니 수를 조절해 줄 호랑이, 표범, 늑대, 여우 같은 포식자가 오래전에 멸종됐다. 반달곰도 사실상 멸종 직전이라서 고라니 통제에는 아무런 역할도 하지 못한다. 육지 생태계에서 최고 포식자는 담비나 살쾡이 정도인데, 기껏해야 젖먹이 고라니나 잡을까 말까 하다.

새벽 세 시가 다가온다. 개들이 또다시 법석을 피우기 시작한 지 벌써 두 시간이나 지났다. 나가서 이번 고라니도 섬에 갇혔는지 확인해보고 모든 전등을 꺼서 나도 자고 지친 개들도 그만 재워야겠다.

들쥐와 강낭콩

지구 온난화 때문일까? 산간 지역인 우리 동네는 시월 중순이면 무서리가 내리지만 몇 해 전부터는 시월 말은 돼야 하더니 올해엔 그마저도 넘길 것 같다. 서리를 피하려고 고구마와 땅콩은 진작 수확을 마쳤는데 이렇게 포근한 날이 계속될 거라면 그냥 둘 걸 그랬나 보다.

지난 수십 년을 돌이켜 보면 정말이지 봄은 너무나 느릿느릿 오고 겨울은 성큼 닥치는 것 같았다. 하지만 요즘은 반대로 말해도 될 듯싶다. 뒷산 꼭대기엔 열흘 전인가 첫 단풍이 보였는데 계속 그 언저리에서 맴돌 뿐 좀처럼 내려올 생각이 없다. 게으른 가을 덕에 집 근처는 아직도 초록이 무성하다.

오늘 날씨도 온화하고 볕은 따갑다. 점심도 먹고 커피도 마셨으니 소화도 시킬 겸 슬슬 새장으로 가서 놈이 심은 강낭콩이 거둘 때가 됐는지 둘러봐야겠다.

* * *

　새장은 공작비둘기를 키우려고 지난봄에 지었다. 녀석들은 친구에게서 선물로 받은 건데, 본래는 세 마리였지만 입양하자마자 네 마리로 늘었다. 나는 새장을 놈들이 마음껏 놀 수 있도록, 그리고 나중에 닭을 키우게 될지도 몰라서 사람도 활보할 수 있을 정도로 널따랗게 지었는데, 비둘기가 워낙 번식이 빨라 조만간 여기도 비좁아지지는 않을까 은근히 걱정되었다. 하지만 먹이만큼은 충분했다. 남은 씨앗, 오래된 곡식, 타작한 곡물 부스러기 등등이 있어서 따로 준비할 필요가 없었다.

　새장 짓기는 바닥에 자갈을 깔아 수평을 맞추고 기둥을 세운 다음, 지붕을 씌우고 자갈 위에 왕겨를 펴는 순서로 진행됐다. 새장에 두를 철망을 고를 때 약간 생각을 해야 했다. 코가 너무 성기면 매나 족제비 같은 포식자가 침입할 수 있었다. 너무 촘촘하면 참새나 박새도 드나들 수 없었다. 작은 새만 통과할 수 있는 게 제일 적당했다.

　지난 몇 년간 농장과 집 주변에 새집을 많이 걸어 뒀는데 반응이 아주 좋았다. 그래도 지금까지 먹이를 줘본 적은 없는데, 먹이통을 설치해 특히 혹독한 겨울에 각종 굶주린 새들을 끌어모아 보는 게 미뤄둔 숙제 중 하나였다. 그 참에 텃새 통계도 내 보고… 하지만 작은 새들이 새장을 마음껏 드나든다면 놈들을 위한 먹이통을 따로 마련하지 않아도 되었다. 게다가 비둘기가 흘린 찌꺼기들까지 깔끔하게 치워줄 테고.

다만 우려되는 게 하나 있었다. 위치가 홍련못 아래의 공터라는 점인데, 거기는 온갖 뱀들이 개구리를 잡아먹으러 오가는 통로이다. 뱀들은 철망을 얼마든지 드나들 수 있다. 고민 끝에 둥지를 공중에 설치하기로 했다. 마치 커다란 스툴처럼 길이가 한 발쯤 되는 굵은 각목으로 기둥을 세우고 그 위에 넓은 선반을 얹은 다음, 선반 위에 작은 집을 짓고 그 속에 둥지를 꾸며주는 방법이다. 집 앞에는 자동 먹이통을 만들어 달고 양옆으로 긴 횃대를 붙였다. 뱀이 새장 안으로 는 마음껏 들어올 수 있을지라도 사각기둥을 타고 올라가 머리 위의 선반을 넘는다는 건 적어도 이론적으로는 불가능했다.

비둘기들은 별 탈 없이 잘 지냈다. 조용하고 양지바르고 바람도 잘 통해서 늘 쾌적했고 사람이나 개들의 방해도 거의 받지 않았다. 먹이를 보충해 주려 한 달에 서너 번 둘러보는 나 말고는 드나드는 사람도 없었다.

어느 날, 새장에 들어가 보니 뭔가 이상했다. 뒤쪽 철망 아래 한 곳에 왕겨가 흐트러지고 자갈이 드러나 있었다. 쪼그리고 앉아 찬찬히 살펴보니, 바닥에 바깥쪽으로 작은 구멍이 뚫려 있는 게 아닌가! 머리카락이 쭈뼛 섰다. 기어코 뱀이 들어온 걸까? 그런데 기이하지 않은가! 그냥 철망으로 들어오면 될 텐데… 또 자갈은 어떻게 치웠을까?

아무래도 뱀보다는 바닥에 떨어진 모이를 주워 먹으러 들어온 들쥐일 가능성이 더 컸다. 그런데 들쥐라고 해도 뱀처럼 철망으로 그냥 들어오면 그만이지 왜 힘겹게 자갈을 헤쳐가며 굴을 뚫었을까? 몸집이 너무 커서?

어떻든 새는 환영하지만 쥐는 아니다. 근처에서 굵은 돌멩이를 가져와 굴 입구에 쑤셔 넣은 다음 발로 단단히 다졌다. 놈이 아무리 장사라고 해도 그걸 치울 수는 없었다. 먹이통을 채워주고 물통도 청소한 다음 밖으로 나왔다. 이튿날, 혹시나 하는 마음에 다시 들어가 봤는데 아무 일도 없었던 것 같았다. 구멍은 여전히 막혀 있었고 바닥도 깔끔했다.

며칠 후, 밖에서 들여다보니 바닥에 강낭콩이 널브러져 있었다. 지난번에 다른 먹이와 섞어준 건데, 삼키기에 너무 크고 딱딱해서 비둘기들이 골라버린 게 틀림없었다. 하지만 먹이통 아래에만 떨어져 있어야 하는데… 아무래도 수상쩍어 바닥을 뒤져보니, 이런! 교묘하게 새로 판 굴이 보였다. 지난번의 바로 옆자리였는데, 땅속으로 제법 깊이 들어가 있었다. 다시 굵은 자갈들로 단단히 틀어막았다. 좀 더 확실히 해두려고 참외나 수박만 한 돌들을 보이는 대로 주워와서 주변에 처덕처덕 쌓았다. 철망 아래에 긴 돌무지가 생겼다.

하지만 놈은 끈질겼다. 하루 만에 허술한 곳을 찾아내 돌 틈을 비집고 자갈을 밀어내면서 또 길을 텄다. 약이 바짝 올랐다. 나도 근성깨나 있는 사람인데, 어디 누가 이기는지 두고 보자!

철물점에 가서 코가 촘촘한 대형 석쇠를 잔뜩 사 왔다. 녹이 슬지 않도록 페인트를 칠한 다음 철망 바깥쪽에 서로 겹치도록 촘촘히 세우고 묵직한 돌들을 기대어 두었다. 안쪽 돌 틈은 잔자갈로 꽉꽉 채웠다. 놈이 아무리 영리하고 집요해도 이런 요새에 잠입할 수는 없었다. 더욱이 한나절이나 투자한 공사인데, 그게 뚫린다면 비둘기들 앞에서 내 체면이 말이 아니었다.

하지만 요새는 하루도 못 버텼다. 놈은 아예 긴 터널을 만들었다. 입구가 거의 바닥 중앙까지 와 있었다. 도대체 출구는 어딜까? 이젠 출구와 그 주변까지 모조리 봉쇄해야만 하나? 밖으로 나가 살펴보니 철망, 석쇠, 돌무지, 바닥 등 모든 게 멀쩡했다. 그러니 놈은 겉으로 드러나지 않도록 그 아래를 뚫은 게 틀림없었다. 모든 것을 옮기고 괭이로 주변을 파보았다. 세상에! 땅속은 터널의 미로였고 여기저기 강낭콩이 흩어져 있었다. 아마 놈은 여기서 은신하며, 훔친 모이로 낮 동안 배를 채우고 밤이 되면 다시 터널 굴착에 나섰나 보다.

석쇠를 그냥 세워만 둬서는 놈을 막을 수 없었다. 땅속 깊이 묻어야 했다. 놈도 포기란 걸 모르지만 아까 말했듯이 나도 오기 하나만은 누구에게도 뒤지지 않는 사람이다. 다시 온몸이 땀범벅이 되도록 중노동을 한 끝에 가까스로 공사를 마쳤다. 이후, 주변에서 땅굴은 더 이상 발견되지 않았다. 하지만 바닥에 떨어진 큰 먹이는 계속해서 사라졌고 뭔가 드나든 흔적도 역력했다. 분명 놈일 텐데, 이 쥐새끼 같은, 아니 쥐새끼가 도대체 어디로?

어느 날, 새장 안을 두리번거리다가 문득 모서리에 놓아둔 모래 상자에 눈이 갔다. 혹시 저 아래로? 설마 하는 생각으로 힘겹게 들어 올려보니… 이런! 거기도 땅굴 천지였다. 등잔 밑이 어둡다고, 놈은 모래 상자 아래를 뚫고 귀퉁이에 조그만 출입구를 냈는데, 자갈로 은폐되어 거의 보이지 않았다.

거듭 강조하지만, 나도 끝장을 보는 성격이다. 호락호락 물러설 수가 없다. 본때를 보여야만 직성이 풀릴 것 같았다.

즉각 시동을 걸고 철물점으로 달려갔다. 석쇠를 있는 대로 다시 사다가 왕겨를 걷어내고 바닥에 촘촘히 깐 다음 다시 왕겨를 덮었다. 땅에서 용가리가 솟아 나온다고 해도 그걸 뚫을 수는 없었다. '이놈아, 알겠냐? 너, 임자 제대로 만났어!'

당연한 거지만 땅굴은 더는 발견되지 않았다. 그러나 강낭콩이 계속 흩어지는 등, 새들 말고 뭔가 더 큰 게 드나드는 흔적은 여전했다. 비둘기보다 훨씬 작은 참새나 박새가 강낭콩을 건드릴 것 같지는 않았다. 이제, 쥐는 아닐 테고… 도대체 또 뭐지?

정체를 의아해하던 어느 날, 모이를 주러 들어갔다가 놈과 정면으로 마주쳤다. 들쥐였다! 대관절… 어떻게? 그건 그렇고, '이놈, 딱 걸렸다! 넌 말 그대로 독 안, 아니 새장에 든 쥐다!' 옆에 있던 막대기를 움켜쥐고 다가가려는 순간, 맙소사! 놈은 석쇠를 타고 올라가 위쪽 철망코로 잽싸게 빠져나갔다.

어처구니가 없었다. 그렇게 쉽게 통과할 수 있는 거라면 처음부터 줄곧 그리할 것이지 왜 땅굴은 파서 이 고생을 시켰나! 그동안 치른 노고와 비용 생각에 부아가 머리끝까지 치밀어 올랐다. 자, 이젠 어떻게 한담? 철망을 뜯어내고 제일 촘촘한 걸로 모두 바꿔? 하지만 말이 쉽지, 그건 지금까지와는 차원이 다른 큰 공사다. 경비도 만만찮고, 인부도 써야 하고, 시간도 하루는 족히 걸린다. 더 큰 문제는… 그렇게 하면 새들도 드나들 수 없다!

'그래, 잘났다, 네가 이겼다. 이젠 멋대로 해라!'

하지만 인간으로서의 마지막 자존심이나마 건지려면 적당한 변명이 필요했다. 먹이는 충분하니 비둘기, 산새, 들새, 들쥐가 사이좋게 나눠 먹는 게 뭐 대순가! 그렇게 함께 살아가는 게 자연의 이치라면 이치 아닌가!

유난히 잦은 비로 늘 축축하던 땅굴마다 강낭콩 싹이 빼곡히 돋아났다. 내가 들쥐와 허망한 소모전을 벌이는 동안 줄기들은 새똥 쥐똥을 거름 삼아 힘차게 철망을 타고 올라갔다. 지난주에 보니 꼬투리도 잔뜩 맺었다. 그 모습을 보다가 문득 이런 생각이 들었다. 놈은 왜 먹지도 않을 강낭콩을 땅굴마다 갈무리해 두었을까? 설마, 싹을 틔워 새 콩으로 내게 보상하려고?

***

새장에 와 보니 놈이 심은 시기가 너무 늦었는지 강낭콩은 아직 덜 여물었다. 다행히 앞으로도 당분간은 서리가 없을 듯하니 다음 주에 다시 들러 봐야겠다.

감나무

 귀촌을 위해 논과 밭을 샀을 때, 이 넓은 땅을 어떻게 가꿔야 할지 막막했다. 나는 전업 농부가 아니므로 모든 땅에 옥수수나 콩 같은 일반 작물을 재배한다는 건 불가능에 가까웠고 그럴 필요도 없었다. 그래서 근처에 천여 평을 함께 구매한 동료의 권유에 따라 집터와 작은 텃밭 자리만 남기고 모두 감나무를 심기로 했다. 사실, 그의 땅 전부와 내 땅 중 위쪽 6백 평은 사들일 당시 3~4년생 감나무가 자라던 과수원이었다. 그는 그것들이 자라는 걸 지켜보기만 하면 되었고 나는 아래쪽 천여 평에 묘목을 더 심어야 했다.

 두 사람 생각에 감나무 재배는 정말이지 탁월한 선택이었다. 우리 동네는 본래 곶감 산지로 유명했다. 또 감나무는 수명이 길어서 거목이 되어도 소출이 크게 줄지 않고, 깍지벌레를 빼면 병충해도 거의 없다. 깍지벌레는 감 껍질에 붙어 작은 홈집을 남길 정도의 가벼운 피해밖에 주지 않는데, 그나마도 곶감으로 가공하게 되면 거의 흔적이 남지 않는다. 요컨대 곶감용 감나무(둥시)는 야생 수목에 가까울 정도로 관리가 필요 없으며, 실제로 동네 사람들은 그렇게 방치한다. 감나무 재배에서 힘든 게 있다면 높이 달린 감을 하나하나 장대로 따는 일이다. 하지만 그것도 아주 간단한 해결책이 있다. 가을 무렵에 곶감 가공업자들이 찾아와 수확권을 사들인다. 주인은 감이 달린 채로 나무를 팔면 되고 업자들은 보수차를 몰고 와서 순식간에 채취를 마친다.

그렇다면 은퇴 후 수입원으로 감나무만큼 좋은 게 없다. 지금 잘 가꾸어 두면 십 년쯤 뒤부터는 생활비 정도는 나올 거다. 시골에서는 생활비가 도시의 절반밖에 안 드니 감 판 돈이면 그럭저럭 살림을 꾸려나갈 수 있다. 연금은 여행이나 취미에 쓰고!

하지만 이 모든 기대가 달콤한 꿈에 지나지 않는다는 걸 깨닫는 데는 이삼 년이면 족했다. 그것도 참담한 체험을 통해서…

밭을 산 계절은 한겨울이었다. 봄이 되어 땅이 풀리자마자 굴삭기로 완만히 비탈진 아래쪽 밭을 계단식으로 다듬었다. 마침 감나무 묘목을 키우던 이웃집에서 1년생 2백여 그루를 사서 심었다. 그래서 과수원에 있던 것과 합하면 대략 4백 그루에 이르렀다. 그런데 어찌된 일인지 사월이 지나 오월이 다 가도 움이 트질 않았다. 밭 가장자리에는 옛 주인이 심은 아름드리 감나무가 하나 있는데, 그건 신록으로 뒤덮이기 시작했다. 답답한 마음에 묘목 가지를 꺾어 보니, 이런! 모두 죽어 있었다. 줄기를 잡아당기면 뿌리째 쑥 뽑혀 나왔다. 어이없게도 이미 지난겨울에 동사한 것들을 애써 심은 거였다.

저 위의 과수원은 어떨까? 거기는 심은 지 몇 년 되므로 거의 움이 텄을 거라고 믿었는데, 맙소사! 겨우 스무 그루 정도만 살아남았을 뿐 대다수는 한참 전에 죽은 것들이었다. 키는 2미터쯤 되지만 발로 툭툭 치면 밑둥치가 우지끈 부러져 나갔다.

신기한 건 생존한 나무들의 분포가 들쭉날쭉하지 않고 어느 정도 고르다는 점이었다. 그러니까 모두 스무 줄의 나무가 있다면 서너 줄 정도는 많이 살아남았고 나머지 줄은 거의 전멸했다는 건데, 겨울바람과 관계가 깊은 것 같았다. 칼바람을 온몸으로 맞서야만 했던 장소의 것들은 모두 얼어 죽었다. 덤불이나 언덕 뒤처럼 어느 정도 바람막이가 있는 곳의 것들은 목숨을 부지했다.

감나무 과수원은 대부분 산비탈에 있어서 멀리서도 상태를 쉽게 파악할 수 있다. 며칠 후, 동네를 죽 둘러보니 골바람 길목에 심긴 어린 감나무들은 거의 학살 당했다. 그러니 1년생은 더 말해 무엇 하랴!

농약상에 채소 씨앗을 사러 들렀더니 주인이 뜬금없이 물었다.
"지난겨울에 감나무들이 살아 남았슈?"
"웬걸요, 대부분 죽었고 묘목도 심고 보니 모두 죽은 것들이었어요."

그는 대수롭지 않은 일이라는 듯이 대꾸했다.
"그래도 용케 살아남은 게 있나 보네유? 어떤 집은 오백 그루가 몽땅 죽었다고 하던디… 감나무는 추위와 찬바람에 아주 약해유. 탄저병도 심하고…"
"감나무도 탄저병에 걸려요? 고추처럼?"
"그러믄유. 특히 어린 감나무는 장마철에 많이 타 죽어유. 탄저

균이 심을 타고 들어가 나무 전체를 말려버려유."

"그럼 어떻게 해야 하죠?"

"비 오기 전과 후에 부지런히 살균제를 쳐야 해유. 크게 자랄 때까지는 몇 년 동안. 그리고 배수가 잘되지 않으면 뿌리가 썩어유."

이런, 농약 쓰기 싫어서 감나무를 택한 건데 고추처럼 자주 소독해야 한다니! 게다가 내 땅은 산 아래라서 장마철에는 배수는커녕 샘이 솟구치는 곳도 많은데…

아니나 다를까! 이듬해 봄, 과수원에 올라가 보니 그나마 살아남았던 스무여 그루 중 또 절반이 죽었다. 그해 겨울은 포근했으니 대부분은 지난여름의 탄저병이 원인이었을 거다. 아무래도 감나무로 노후를 대비한다는 건 몽상에 불과한 것 같았다.

이제 모든 계획을 새로 짜야 했다. 하지만 좋은 방안이 생각나지 않아서 일단 아래 밭은 다채로운 나무가 들어선 수목원으로 바꾸기로 했다. 식목일을 전후해서 종묘상을 들락거리며 추위에 강한 나무라면 종류를 가리지 않고 심어 보기로 했다. 체리, 사과, 배, 복숭아, 밤, 대추, 매실 등 유실수, 철쭉, 장미, 자귀나무, 명자나무, 화살나무 등 관상수, 만병초, 뽕나무, 가시오가피 등 약용수, 소나무, 향나무, 측백나무, 주목, 구상나무, 가문비나무 등 상록 정원수… 모두 백 가지가 훨씬 넘었다.

이듬해 겨울도 대체로 온화했지만 과수원에 가 보니 살아남은 건 다섯 그루로 줄어 있었다. 그해 가을에 드디어 첫 감을 딸 수 있었는데, 겨우 50여 개에 불과했다. 관리를 안 한 탓에 죽은 나무가 남긴

빈자리에는 쑥이 무성하게 자라 말 그대로 쑥대밭이 되고 말았다.

감나무로 수익을 내겠다는 꿈은 진작 포기했지만 연시와 곶감을 자급하겠다는 생각마저 접은 건 아니었다. 그러려면 서너 그루는 있어야 했다. 관리가 쉽도록 살아남은 감나무를 캐서 아래 밭으로 옮기고 과수원을 정리한 다음 호두나무를 심었다. 청설모와 다람쥐 등 쌀에 남아나는 게 하나도 없을 거라며 주변에서 만류했지만 그건 첫 열매가 맺히는 육칠 년 후에나 고민할 문제이고 밭을 저렇게 방치하면 몇 년 안에 잡목 덤불로 변할 게 뻔했다.

일을 마치고 동네로 내려와 보니 굴삭기가 개울 건너에 있는 이웃집 감나무를 모두 캐내 한곳에 모아 으깨는 게 아닌가! 주인은 곁에서 팔짱을 낀 채 구경하고 있었다. 냉큼 냇물을 건너 그에게로 갔다.

"왜 캐 버리세요? 십 년은 된 거 같은데 … 아깝게 …"

"아, 그동안 감을 하나도 못 따서 모두 없애버리려구유. 인삼 심는 게 백번은 나을 거 같아서 …"

"감나무를 십 년간 살리는 게 얼마나 힘든데 …"

"그러게 말이유. 본래는 수백 그루였는데, 살아남은 건 서른이나 되려나?"

"저거 제가 가져가서 심어도 될까요?"

"얼마든지 가져가슈, 땔감도 안 되는 것들인데 뭐!"

며칠 뒤, 굴삭기를 고용해 감나무를 심었다. 기사는 토박이인데, 최근 들어 우리 동네에서 감나무가 안 되는 이유를 이렇게 설명했다. 옛날에는 겨울이 춥다 해도 추위가 사나흘만 계속됐고 이내 날

씨가 포근해졌다. 말하자면 전형적인 삼한사온의 기후였다는 거다. 그러다가 십 년 전인가부터는 맹추위와 찬바람이 몇 주일씩, 어떤 해에는 겨우내 계속되기 때문에 어린나무들이 도저히 견딜 수가 없다.

내가 땅을 산 해도 혹독하게 추웠다. 마을 사람들 말로는 최저 기온이 무려 영하 26도였다고 한다.

지구 온난화로 인한 북극진동으로 지난겨울 역시 최저 기온이 영하 23도에 이를 만큼 매섭게 추웠고 또한 지독히 길었다. 영춘화 첫 꽃으로 가늠해본 봄의 시작은 예년보다 보름이나 늦다. 식목의 계절을 맞아 며칠 전, 어디에 어떤 나무를 새로 심어야 할지, 혹시 죽은 나무는 없는지 한 바퀴 둘러봤다. 역시 감나무 피해가 제일 컸다. 본래 과수원에서 자라던 다섯 그루는 모두 죽었고 얻어 심은 아홉 그루는 두 그루만 살아남았다. 집 앞의 고목까지 합쳐 감나무는 이제 세 그루뿐이다. 그러니 오는 겨울마저 길고 춥다면 감나무에 관한 한, 모든 게 원점으로 돌아가고 나는 몇 년간 헛수고만 한 셈이 된다.

감나무 묘목 자리 중 열 곳에는 목련을 심었는데, 여덟 그루가 살아남아 이젠 키가 5미터가 넘는 제법 큰 나무로 성장했고, 해마다 꽃으로 뒤덮인다. 지금 앞다퉈 꽃망울을 터트리고 있어 일주일 후면 커다란 그늘을 드리울 태세다. 그때쯤이면 앵두, 매화, 진달래, 산수유, 살구꽃도 만개할 거고 출성성 단풍들도 꽃보다 예쁜 새싹을 온몸에 뒤집어쓸 거다.

딱새

    딱새는 '딱딱'거리며 운다. 그래서 '딱새'라는 이름이 붙었겠지만 나는 지금까지의 관찰과 경험을 토대로 녀석들을 딱새라고 불러야 하는 진짜 이유는 소리가 아니라 '딱한' 처지에 자주 내몰리는 놈들의 특이한 습성 때문이라고 본다.

    참새나 박새처럼 놈들도 민가 근처에 많이 살며 둥지도 그런 곳에 트는데 헛간, 재래식 부엌, 창고, 가축우리, 뒷벽에 걸거나 기대놓은 낡은 가재도구 등을 좋아한다. 하지만 그런 위험천만한 곳에서 용케 살아남으려면 집주인과 숨바꼭질을 잘해야 한다. 딱새를 해조害鳥로 여기는 농부들이 둥지를 보는 족족 땅바닥에 내동댕이치기 때문이다. 그러나 딱새는 떼거리로 몰려다니는 참새, 뱁새, 방울새, 멧비둘기 등과는 달리 일년내내 텃세권 내에서 단독 혹은 쌍으로 생활하며, 몸집도 작고 개체 수도 적어 농사에 해를 끼친다는 말은 받아들이기 어렵다. 또한 벌레를 잡아 새끼를 먹이기 때문에 내 생각엔 오히려 익조益鳥라고 봐야 할 것 같다.

어떻든 귀엽고 예쁜 외모에도 불구하고 특이한 생활양식 때문에 온갖 수난을 당해야만 하는 이 딱한 녀석들은 삶터로 민가나 그 주변을 고집하기에 더욱 딱하다. 하지만 숫자가 별로 줄지 않는 걸로 보아 삶에 대한 의지도 굳고 숨바꼭질도 아주 잘하는 것 같다. 등잔 밑이 어둡다고 놈들은 종종 기상천외한 곳에 둥지를 트는데, 방치된 경운기 밑이나 심지어 자동차 엔진룸을 택하는 놈들도 있다고 한다.

내 농장에는 새들이 유난히 많다. 좋은 집터가 널려 있고 먹이도 풍족하기 때문이다. 지난 몇 년간, 틈이 날 때마다 나무로 새집을 짜서 이곳저곳에 걸어 두었는데, 지금은 그 수가 스무 개쯤 된다. 녀석들은 마음에 드는 걸 골라잡으면 되지만 실제로 애용되는 건 대여섯 개 정도다.

딱새는 대략 네댓 쌍이 산다. 이들은 반경 이삼십 미터의 텃세권을 형성하며 새끼를 치는데, 내 집터를 영토로 삼은 놈들도 그중 하나다. 다른 딱새들과 마찬가지로 이놈들 역시 온갖 역경과 헛고생을 마다하지 않고 영역 사수에 분투하고 있다.

이 쌍은 재작년에 우체통에 둥지를 틀었다가 집배원이 불쑥불쑥 들이미는 편지나 작은 소포에 혼쭐이 나서 집을 버려야만 했던 딱한 경험이 있다. 작년부터는 여건이 더욱 나빠졌는데, 25킬로그램에 달하는 거구의 진돗개 세 마리(호진이, 송이, 딸 까미)가 항상 주변을 어슬렁거리기 때문이다.

올봄의 경우, 이 쌍은 두 번이나 애써 지은 둥지를 포기해야 했다. 첫 둥지는 앞마당 한 편의 단풍나무에 걸어둔 새집 안에 틀었다.

작고 둥근 나무화분 두 개를 맞붙인 다음 한쪽 바닥을 뜯어낸 건데, 크기나 구조가 딱새 안식처로는 안성맞춤이다. 하지만 알 세 개를 낳고는 버리고 말았다.

이른 봄에 개들은 앞뜰 잔디밭에서 논다. 오월이 되어 낮이 더워지면 거처를 단풍나무 그늘로 옮기는데, 새들이 보금자리를 틀고 알을 낳기 시작할 무렵이다. 딱새는 놈들이 단풍나무 근처에서 어슬렁거리자 집 반대편으로 이사해서 모든 걸 처음부터 다시 시작하기로 마음먹었다.

두 번째 집터는 뒤뜰 잔디밭 옆 주목나무 숲속에 세워둔 대형 새집이었는데, 본래 원앙을 위한 거였다. 딱새 부부가 보금자리를 거의 완성해 갈 무렵, 개들도 뒤뜰로 놀이터를 옮겼다. 앞뜰이 너무 더워졌기 때문이다. 딱새 부부는 지푸라기 하나, 깃털 하나를 옮길 때마다 놈들 눈치를 살피며 세 마리 모두가 한눈팔 때를 틈타 얼른 집으로 들어가야 했다.

어느 날, 딱새 암컷이 솜털 같은 재료를 물고 둥지 근처를 배회했다. 개들 눈치 보랴 우리 부부 동태 살피랴, 한 시간가량이나 집으로 들어가지 못하고 주변을 맴돌았다. 결국 딱새 부부싸움이 터졌다. 높은 전봇줄에 앉아 아래를 감시하던 수컷 하나가 암컷이 둥지 근처에만 가면 쏜살같이 날아와 한사코 못 들어가게 막았다. 처음에는 서로 다른 쌍의 암수가 영역을 두고 다투는 것이려니 했지만 그런 경우라면 둥지 앞까지 날아와서 아예 집에도 들어가지 못하도록 방해하지는 않을뿐더러 이쪽 수컷도 뒷짐만 지고 있지는 않는다.

이튿날부터 두 번째 둥지 근처에서 딱새 부부는 더 이상 보이지 않았다. 집은 거의 알만 낳으면 되는 상태에서 다시 버려졌다. 돌이켜보면 부부는 둥지 짓기를 계속할 건지 아니면 개들로부터 안전한 세 번째 집터를 물색할 건지를 두고 다툰 건데, 수컷은 이사를 주장했고 암컷은 정착을 고집했을 거다.

오월 중순을 넘어서면서 햇볕은 하루가 다르게 따가워지고 태양은 더 높이 떠올랐다. 뒤뜰도 종일 햇살이 가득했다. 개들은 다시 뒷데크로 거처를 옮겼다. 그동안 딱새는 주변에서 사라졌는데, 결국 영역을 포기한 게 아닌가 싶었다.

뒷데크는 여름철에는 아침저녁으로만 한두 시간 해가 들 뿐 낮에는 집에 가려 시원하다. 다만 하지가 다가올수록 그림자가 짧아져 그늘에서 빈둥거리려면 개들은 점점 더 벽 쪽에 붙어야만 한다. 벽에는 주방과 데크를 연결하는 유리 출입문이 있고 바로 옆에 목제 신발장이 있는데, 방수인데다가 위쪽에도 돌출처마가 있어 아무리 폭우가 내려도 안이 젖지 않는다.

신발장 바로 앞이 뒷데크에서 가장 시원한 곳이다. 종일 그늘지고, 여름철에는 출입문을 열어두기 때문에 집안을 관통한 바람이 그리로 빠져나간다. 개들은 여기마저 덥다고 느끼면 마지막 피서지로 아예 데크 아래로 내려가는데, 바닥에 마루를 깔아두었기 때문에 무덥고 습한 여름에도 제법 쾌적하다. 하지만 녀석들이 거기로 모이는 계절이 되려면 아직 한 달이나 남았다. 그동안은 신발장 주변에 옹기종기 모여서 늘어지게 낮잠을 자며 빈둥거린다.

며칠 전, 놈들에게 간식을 주려고 신발장 앞에 쪼그리고 앉았다. 무심코 안을 들여다보니 삐딱하게 놓인 운동화 뒤쪽 구석에 지푸라

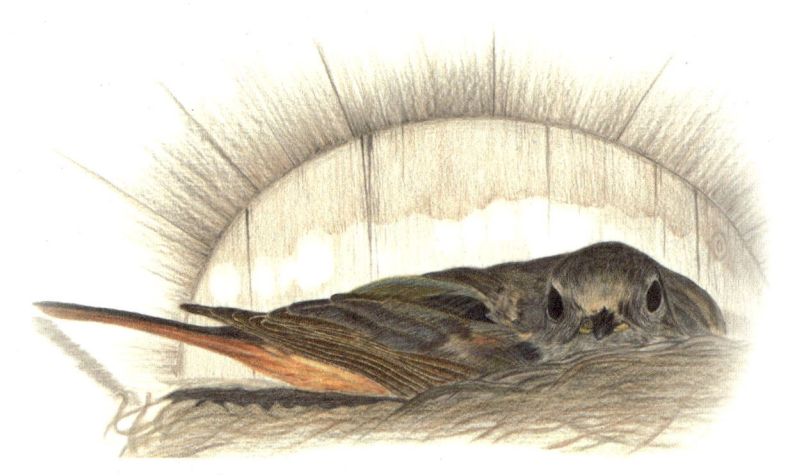

기 뭉치 같은 게 보였다. 손을 넣어 만져보니, 이런! 딱새 둥지였다. 알이 네 개나 있었다. 딱새 부부가 다툼 끝에 고른 세 번째 집터는 바로 신발장 속이었던 거다. 하지만 딱하게도 그건 최악의 선택이었는데, 바로 개들 머리 위이기 때문이다. 선택한 칸의 높이도 너무 낮아서 개들이 뒷다리로 서서 앞발로 끄집어내기에 딱 맞는 정도였다.

나는 딱새가 왜 그런 낮은 곳을 더 좋아하는지 잘 모르겠다. 집 앞 처마 아래에도 근사한 나무 새집 두 개가 붙어 있는데, 높이가 4미터나 돼서 개나 뱀은 물론 나 자신도 사다리를 타고 올라가야만 들여다볼 수 있는 난공불락의 요새 같은 곳이다. 하지만 딱새들은 무관심했다. 그 틈을 타서 오른쪽은 참새가 왼쪽은 박새가 차지하고 있는데, 벌써 며칠 내에 이소해야 할 만큼 새끼들이 자랐다.

개들 틈바구니에서 무사히 새끼를 키워낼 수 있을지 하는 걱정에 나와 아내는 하루에도 대여섯 번씩 딱새의 안위를 점검한다. 지금 들여다보니 알을 품고 있던 암컷이 나와 눈싸움이라도 하려는 것처럼 꼼짝하지 않고 나를 응시한다. 오수에 빠졌던 개들이 하나둘씩 깨어나 발 앞에 모여 꼬리를 흔들어대며 간식 시간이라고 보챈다. 당황한 나는 얼른 눈길을 거두고 간식으로 꾀어 개들의 관심을 데크 아래로 돌린다.

둥지 속의 암컷과는 누구도 눈싸움에서 이길 수 없다. 모성애로 가득한 사생결단의 눈빛 속에 더는 물러설 곳도 그럴 생각도 없는 딱한 딱새의 기세와 의지가 하늘을 찌른다.

개들이 딱새에 무관심한 걸로 보아 아직은 둥지에서 아무런 소리나 냄새가 안 나는 모양이다. 하지만 새끼들이 깨어나 찍찍대기 시작하면 상황이 바뀔 거다. 그러니 며칠 후부터는 보름 정도 개들을 묶어둘까? 아니, 소용없는 일이다. 자유분방하게 자라온 놈들이 그런 구속을 참지 못할 거다. 풀어달라는 아우성에 시끄러워서 잠도 못 잘 게 뻔하다. 신발장을 통째로 들어서 안전지대로 옮겨줄까? … 아니, 그건 차라리 그냥 두느니만 못하다. 내 경험으로 미루어보면, 놈들은 옮겨진 신발장 속의 둥지를 제 것으로 생각하지 않을 거다. 아무래도 뒷데크 전체를 견공 출입금지구역으로 선포해야 할 것 같다. 무엇보다도 잔디에서 올라오는 계단을 노끈 등으로 철저히 봉쇄해야겠다.

딱새는 대개 알을 일곱 개 안팎까지 모은 다음에 품기 시작하는데, 네 개에 그친 데에는 두 가지 이유가 있을 듯하다. 하나는 이미 첫 둥지에서 알을 세 개나 버렸다는 거고, 다른 하나는 이제 봄이 거의 끝나가기 때문에 시간이 촉박하다는 거다. 놈들은 보통 일 년에 두 차례 번식하는데, 첫 번째 번식에 성공한 다른 쌍들은 어쩌면 두 번째를 준비하고 있을지도 모를 만큼 계절이 흘렀다.

* * *

며칠 후, 새끼 세 마리가 깨어났다. 하나는 무정란이었나 보다. 개들의 출입을 막은 덕인지 새끼들은 무럭무럭 자랐다. 부화 후 열흘쯤 지났을 때, 둥지를 들여다보니 벌써 이소했는지 아무런 기척이 없었다. '이상하네, 그럴 리가 없는데!' 둥지를 끄집어내고 신발장을 청소하려 손을 들이미는 순간, 아기 새 세 마리가 차례로 뛰쳐나왔다. 결국 본의 아니게 이소를 강요한 셈이 되고 말았다.

한 달 후, 부부는 우체통에 다시 둥지를 틀고 알 여섯 개를 낳았다. 놈들은 재작년의 실패를 거울삼아, 편지가 들어오든 소포가 들어오든 개의치 않고 굳건히 보금자리를 지켰다. 딱새는 뒤쪽 깊숙한 곳에 둥지를 틀었다. 그 덕에 집배원도 거기에 딱새가 새끼를 치고 있다는 사실을 눈치채지 못한 것 같다. 부화할 무렵, 둥지를 꺼내서 살펴보니 깨어난 지 하루나 될까 말까 한 새끼 다섯 마리가 다닥다닥 붙어 있었다. 온몸이 벌거숭이고 머리와 등에 잿빛 솜털이 막 나기 시작하는 참이었다.

딱새는 씨앗이나 곤충을 먹고 사는 유순한 새다. 그래서 그런지 때까치 같은 사나운 새들에 비해 유난히 겁이 많다. 그런 습성은 새끼 때부터 나타나는데, 우체통 둥지의 새끼들도 내 손을 타자, 마치 자기는 그 자리에 없다는 듯이 앞다퉈 머리를 바닥에 처박았다.

놈들도 열흘쯤 뒤에 이소했다. 이번에도 내 탓에 반강제로 추방된 셈인데, 둥지가 너무 조용해 무슨 일이 있는지 확인하려 손을 들이미는 순간, 다섯 마리가 뛰쳐나와 사방으로 흩어졌다.

뒤뜰 잔디밭 구석에는 15평쯤 되는 닭장이 있다. 울타리만 둘러쳐졌을 뿐 위쪽은 열려 있어 모든 새가 얼마든지 드나들 수 있다. 가운데에 놓인 자동 먹이통에는 항상 모이가 쌓여 있다. 닭들이 울타리를 넘어 외출할 때마다 새들이 떼지어 모이를 훔쳐 간다. 대부분 참새지만 딱새 몇 마리도 항상 주변을 맴도는데, 놈들을 볼 때마다 신발장과 우체통에서 태어난 녀석들일 거란 생각이 든다. 먹이통은 그 중간쯤에 있기 때문이다.

* * *

    김 씨 과수원 창고에 딱새가 날아들더니 농자재 틈바구니에 둥지를 틀었다. 나일론 실과 풀줄기로 기초를 쌓고 바닥에서 끌어모은 부직포 보푸라기로 아늑한 방을 꾸몄다. 근처에 살던 뻐꾸기가 이 모습을 지켜봤다. 알을 네 개 낳았을 때, 뻐꾸기는 딱새가 둥지를 비운 틈을 타 얼른 자기 알을 낳았다.

    며칠 후, 딱새알 하나와 뻐꾸기알에서 새끼가 깨어 나왔다. 눈도 못 뜬 뻐꾸기 새끼는 알을 등으로 밀어 둥지 밖으로 버렸다. 딱새 새끼는 아예 바닥으로 내동댕이쳤다. 어미는 외자식이 된 양자를 정성껏 먹여 제 몸집보다 몇 배는 큰 우량아로 키웠다.

    둥지가 비좁을 만큼 거구로 자란 어느 날, 양어미는 예쁜 소리와 바쁜 날갯짓으로 양자가 둥지를 나오도록 용기를 불어넣었다. 망설이던 양자는 둥지에 올라서서 재촉하는 양어미를 향해 힘차게 뛰어내렸다. 양어미는 고작 몇 미터밖에 날지 못하는 양자를 데리고 얼른 안전한 풀숲으로 은신했다. 양어미가 며칠 더 잘 먹여 양자가 독립할 수 있을 만큼 의젓해진 어느 날, 배은망덕한 양자는 딱한 양어미에게 고맙다는 말 한마디 없이 홀연히 사라졌다.

금붕어와 왜가리

주춤하던 장맛비가 다시 내릴 모양이다. 수면에 작은 동그라미가 번지기 시작한다. 제풀에 놀란 송사리들이 흩어졌다가는 다시 모인다. 부슬비가 이내 장대비로 바뀔 모양인 듯, 실잠자리들이 날개를 접고 풀잎 뒤로 피신한다.

갑작스런 나의 출현에 놀란 왜가리가 백련못에서 푸드덕 날아올라 50미터쯤 떨어진 포도나무 시렁 위에 우아하게 내려앉는다. 오늘은 또 뭘 학살했는지 배가 불룩하다. 아마도 참개구리나 산개구리일 텐데, 장마철이라 온 동네가 개구리 천지다.

저 녀석은 우리 집 텃새다. 연못과 도랑들을 순찰하며 물고기든 올챙이든 우렁이든, 살아 움직이는 거라면 뭐든 집어삼키는 악당이다. 순식간에 내 자랑거리였던 금붕어 수백 마리를 몽땅 제 뱃속으로 구겨 넣은 대식가이자, 그러고도 지은 죄를 모르는 철면피다. 잠은 어디서 자는지 모르겠지만 낮은 항상 우리 집 연못과 근처에서 보낸다. 내가 나타나면 내키지 않는 날갯짓으로 이 연못 저 연못으로 떠돌다가 그것마저 귀찮으면 집 아래 냇물에서 버들치들을 괴롭히며 빈둥거린다. 내가 놈에게 관대하다는 걸 알아챘는지 개들도 놈만은 가족으로 받아들이는 눈치다. 무리 지어 날아드는 오리 종류에는 냉정하기 이를 데 없으면서도…

놈의 먹이로 사라져버린 금붕어들의 별난 사연은 이렇다. 재작년 어린이날, 어떤 쇼핑몰에 갔더니 손님들에게 금붕어를 선물로 나눠주고 있었다. 한 봉지에 두 마리씩 들어 있었는데, 두 봉지를 얻어 황련못에 넣었다. 작년 봄, 가뭄으로 물을 보충해 주려 지하수 밸브를 열었을 때 그중 한 마리가 죽었다. 아마도 급격한 수온 변화로 인한 쇼크사였을 거다. 그 후 금붕어는 잊고 지냈다.

몇 달 후인 어느 가을날, 연못 둑의 토끼풀을 베다가 깜짝 놀랐다. 내가 무관심하던 사이에 금붕어가 수백 마리로 불어난 거다. 세 마리가 일이 년 만에 수십 배로 뻥튀기 된 건데, 새끼들도 모두 자라 어떤 게 어미이고 어떤 게 새끼인지 전혀 구분할 수가 없었다. 연못은 대여섯 평에 불과해 놈들이 줄지어 수면을 헤집으면 붉은 띠로 보일 정도로 밀도가 높았다.

그 후, 손님이 오면 그 연못부터 안내했다. 다른 연못도 그렇지만 거기는 먹이를 준 적도, 청소한 적도 없다. 그런데도 항상 깨끗하고 아름답게 유지되는 건 생태계가 건강하고 물질이 잘 순환되기 때문이다. 설명을 들은 방문객들은 몹시 신기해 했다. 방치해도 건강하게 번성하는 걸 보고 부업으로 금붕어 양어장을 해 보라고 우스갯소리를 하는 이도 있었다.

며칠 전, 폭우로 뒷산 골짜기 도랑에서 입수관을 타고 들이닥친 황토물이 황련못을 휩쓸며 홍련못으로 세차게 흘러갔다. 모든 연못이 신선한 빗물로 물갈이가 되었다. 이튿날 아침, 뒷집 할아버지가 산딸기를 따러 뒤꼍을 지나가다가 아직 옅은 황톳기가 남아 있는 황련못을 보고는 말을 건넸다.

"어쩌 물고기가 하나도 없네요. 연못은 예쁜데…"

"사람이 다가가면 모두 물풀 아래로 숨어요. 금붕어가 아주 많아요."

"그래요? 내 눈엔 도무지 안 뵈는데…"

아무리 황토로 물이 뿌옇다고 해도 금붕어가 훨씬 붉고, 모두 수련 밑에 숨었다고 해도 이파리가 흔들거리거나 삐져나온 꼬리가 살랑대기 마련이다. 그런데도 전혀 찾지 못했다니, 눈이 꽤 어두우신 모양이네!

오후쯤, 물이 맑아진 다음에 직접 확인해 보니, 이런! 정말 한 마리도 보이지 않았다. 수면을 맴도는 장수잠자리와 소금쟁이 몇 놈을 빼면 연못에는 움직이는 게 없었다.

어떻게 된 거지?… 폭우 때 물길을 따라 모두 아래 연못으로 내려갔나? 그럴 리가 없는데… 그동안 큰비가 한두 번 온 것도 아니고 연못이 흙탕물로 바뀐 경우도 숱하게 많았지만 물고기들은 대부분 제 자리에 있었고 금붕어처럼 굼뜬 것은 더უ 그랬다. 또 수온이 떨어지는 가을이라면 몰라도 지금 같은 여름에는 오히려 물길을 타고 시원한 상류로 올라간다. 하지만 그건 연못의 구조상 불가능하다. 위쪽으로 이동하려면 작은 폭포에 올라서서 물이 세차게 뿜어 나오는 좁은 수관으로 정확히 뛰어 들어간 다음, 급류를 거슬러 한참을 헤엄쳐야 하기 때문이다. 요컨대, 어떤 생명체이든 아래쪽은 몰라도 위쪽으로는 갈 수 없다. 아무래도 물고기들이 잠든 깊은 밤에 전등으로 구석구석을 찬찬히 살펴봐야 무슨 일이 있었는지를 가늠할 수 있을 것 같았다.

밤 열시, 손전등을 들고 연못으로 갔다. 밝은 불빛에 놀란 올챙이들이 흙탕물을 일으키며 더 깊은 바닥으로 줄행랑쳤다. 올챙이들의 호들갑에 놀란 칼납자루들이 잠에서 깨어 우왕좌왕했고 납자루들의 소동에 매복 중이던 수채(잠자리 애벌레)들이 황급히 뒷걸음쳤다. 여기저기서 달걀만 한 우렁이들이 느긋하게 식사 중이고 말조개와 대칭이들도 먹을 걸 찾아 부지런히 개흙을 헤집었다. 올챙이와 납자루가 조금 줄어들기는 했지만, 그 정도라면 정상에 가까웠다. 물방개, 개아재비, 장구애비 같은 포식자에 잡아먹힌 놈들도 많을 거고 자연사한 놈들도 더러 있었을 거다. 유난스러운 놈들은 물이 불었을 때 도랑에서 놀다가 아래쪽 연못으로 떨어지기도 했을 테고.

그런데 금붕어는 정말 한 마리도 없었다. 거의 이사하지 않고

평생 한곳에 머물러 사는 놈들이 무슨 대탈출 모의라도 했나? 아니면 거센 물살에 하류로 모조리 휩쓸려 갔나? 도포처럼 넓고 잠옷처럼 하늘거리는 금붕어의 연약한 지느러미로는 급류를 감당하지 못한다. 그렇기는 해도 바위틈이나 그 아래, 가장자리에 촘촘히 돋아난 골풀이나 창포 사이 등, 대피할 곳이 얼마든지 있는데 … 어떻든, 녀석들은 모두 홍련못으로 내려가 쏘가리 밥이 되었다는 게 당시의 내 결론이었다.

산란기는 많이 지났지만, 집 안팎 곳곳의 비좁은 공간에 갇혀 지낸 다른 놈들은 아직 알을 지니고 있을 테니 잘하면 1년 내에 원상태를 회복할 수 있었다. 아침이 밝자마자 놈들을 끌어모았다. 여섯 마리는 집안 어항에서 차출했고 다섯 마리는 뜰과 밭, 온실 여기저기에 놓아둔 대형 수조에서 건져 왔다. 놈들도 올봄까지는 연못에서 평온하게 지냈으나 곱상한 건 관상용으로, 우락부락한 건 수조에 꾀는 장구벌레를 박멸하기 위한 특임대로 선발됐었다. 특임대의 빈자리는 버들붕어들로 대체했다.

금붕어들은 고향에 돌아가자마자 서로 꽁무니를 따라다니며 풀숲을 헤적였다. 기대했던 대로 산란 준비를 하는 것 같았다. 여남은 마리에 불과한데도 연못은 활기가 넘쳤다. 앞으로는 큰비가 올 때면 물이 갑자기 불어나지 않도록 입수관을 틀어막아야겠다고 생각하며 이층에 올라가 잠자리에 들었다.

다음날 이른 새벽, 무심코 유리창을 통해 연못을 내려다보니 왜가리 한 마리가 무릎까지 빠져가며 물속을 뒤지는 게 아닌가! 놈은 창문을 열자마자 높이 날아 집 앞쪽으로 사라졌다. 금붕어들의 안위를 확인하려 얼른 밖으로 나갔다. 아뿔싸! 한 마리도 남김없이 몽땅 사라졌다. 앞뜰 정자에 올라가 주변을 살펴보니 왜가리는 왜개연못의 등나무 시렁 위에서 아래를 굽어보고 있었다. 지난봄에 어린 메기를 잔뜩 풀어둔 곳이다!

냇물 쪽에서 물총새가 날아들더니 황련못가의 마른 나뭇가지에 앉아 물속 어딘가로 초점을 맞춘다. 방심한 납자루를 노리는 모양이다. 왜가리가 작고 잽싼 납자루를 찍어내는 건 쉽지 않았을 거다. 하지만 다이빙의 명수인 물총새라면 얘기가 다르다.

(칼)납자루가 예쁜 물고기 중 으뜸이라면 물총새는 멋쟁이 새의 대표격이다. 번쩍이는 하늘색 날개를 펴고 접을 때마다 바라보는 내 가슴도 함께 쿵쾅거린다.

올여름 들어 황련못에 드나드는 야생동물이 부쩍 늘었다. 그저께는 대낮에 고라니 한 마리가 들어왔다가 나를 보고는 소스라치게 놀라서 산으로 튀었는데, 내가 아끼는 황련잎을 모조리 따먹은 다음이었다. 주변 새집도 털고 오디도 주워 먹을 겸 오소리도 종종 들르는데, 대체로 걔들이 낮잠 자는 시간이다.

하지만 오리 종류를 빼면 다른 물새는 보지 못했다. 아마도 금붕어를 싹쓸이한 왜가리가 처음일 텐데, 이젠 물총새한테도 거기에 숨겨진 연못이 있다는 사실이 들통났으니 납자루들도 수난 시대에 접어들었다.

왜가리가 삽시간에 금붕어를 몰살시킬 수 있었던 것은 금붕어

의 화려한 색상과 굼뜬 행동 때문이었으리라. 납자루 같은 야생 물고기는 행동도 민첩하고 위에서 보면 연못 바닥과 비슷한 위장색을 띠고 있어서 쉽게 낚아챌 수 없었을 거다. 어찌 생각하면 애완용인 금붕어가 야생과 다름없는 황련못에서 두 해 동안이나 무탈했었다는 게 오히려 이상한 일이었는지도 모른다.

아직 여분의 금붕어가 있지만 더는 연못에 넣어서는 안 되겠다. 대신, 납자루를 늘려야겠다. 물론 많은 수가 물총새 먹이로 희생되겠지만 납자루는 아직 흔한 물고기이고 물총새는 이젠 보기 힘든 철새가 아닌가! 물총새가 납자루를 아무리 많이 쪼아낸다고 해도 절멸시키지는 못할 거다. 납자루에게도 야생의 강인함이 있고 번식력 역시 뛰어나기 때문이다. 모든 걸 떠나서, 내 자랑거리가 금붕어에서 물총새로 바뀌게 된다면 나로서는 오히려 남는 장사다.

까미와 송이

송이는 생후 여덟 달이 됐을 때 호진이와의 사이에서 첫 새끼로 일곱 마리를 낳았다. 그중 유난히 까맣고 체격이 컸던 '까미'는 우리 집에 남겼고, 수컷 중 발육이 빠르고 아비를 꼭 빼닮은 '쭈니'는 사과 과수원을 하는 아랫집, 고 씨네가 입양했다. 까미는 '까만 미인', 쭈니는 '주니어 호진이'라는 뜻이다.

우리 부부는 개들을 데리고 고 씨네로 자주 놀러 가는데, 집은 과수원 모서리에 있다. 까미와 쭈니는 한 배의 형제지만 만날 때마다 으르렁거린다. 일종의 서열 다툼 같은 것으로, 까미가 더 크기 때문에 쭈니가 비록 수컷이라고 할지라도 체력에서 밀린다.

호진이와 송이는 첫 출산 일 년 뒤에 다섯 마리, 다시 일 년 반 뒤에 일곱 마리의 새끼를 낳았다. 첫 새끼는 거의 우리 동네에서 입양됐지만 두 번째는 연풍면 전체로 퍼졌고 세 번째는 충청북도 구석구석과 멀리 인천까지도 갔다. 강아지들이 거의 호구이고 우량아인 데다가 온순하다는 소문이 퍼져서 분양에는 별 어려움이 없었다. 오

히려 강아지가 모자라는 경우가 더 많았는데, 세 번째 출산 때도 몇 마리가 부족했다.

이제 세 번째 새끼를 낳은 지 여섯 달쯤 지났다. 그런데… 오늘 새벽부터 송이가 네 번째 새끼를 출산하고 있다. 지금 여섯 마리째 나왔는데, 호구가 네 마리, 백구가 두 마리다. 새끼 중에는 늘 백구나 황구가 한두 마리 섞여 있다.

거실에 누린내가 진동한다. 아내가 산후조리를 위해 급히 한 솥 가득 돼지고기를 삶는 중이다. 아내는 출산 준비를 위해 며칠 전, 사람들이 선호하지 않는 부위의 돼지고기를 싼값에 사서 냉동고에 비축해 두었다. 우리 집 강아지들이 모두 건강하고 우량하게 자라는 건 어미와 아비의 유전적 특징에도 기인하겠지만 아내의 정성도 큰 몫을 할 거다. 아내는 개들의 생일까지 기억한다.

호진이와 송이의 자손은 손자의 손자까지 포함하면 적어도 백 마리는 될 거다. 세상에 호진이만큼 많은 자손을 퍼트린 개도 드물겠지만 불쌍하게도 이번이 마지막인데, 조만간 불임수술을 받아야 하기 때문이다. 송이의 건강을 위해서 아내가 내린 결단이다.

아내가 송이에게 갔다 오더니 호구 한 마리가 더 나왔다고 한다. 일곱 마리째인데 마지막 새끼는 모두 몇 마리가 될지 자못 궁금하다.

까미도 그동안 동네 수컷과의 사이에서 두 번 새끼를 낳았다. 그런데 송이와 늘 같은 시기에 출산하기 때문에 우리 집은 종종 강아지로 넘쳐나게 된다. 지금 까미도 만삭이다. 이삼일 안에 출산을 시작할 텐데 배가 부른 정도로 봐서는 최소한 다섯 마리는 넘을 것 같다.

날씨가 우중충하다. 어젯밤부터 내리는 겨울비로 앞뜰 분위기가 아주 을씨년스럽다. 물까치 몇 마리가 졸참나무로 날아들더니 으스스한 기분 탓인지 저희 보금자리가 있는 뒷산 쪽으로 서둘러 날아간다. 이 비가 그치면 막바지 강추위가 찾아올 거라는 일기예보가 있다. 나무로 지어서 보온이 잘 되겠지만 혹시 모르니 나가서 송이 집을 다시 점검해야겠다.

송이와 까미가 같이 새끼를 낳으면 가장 걱정되는 게 모녀 싸움이다. 싸움은 두 가족의 영역이 겹치는 곳에서 일어나는데, 어미들이 제 새끼를 보호하려고 하는 본능 탓이다. 평소에 송이와 까미는 사이가 아주 좋다. 하지만 새끼를 양육할 때는 모성애가 모녀애를 앞서게 된다. 모녀가 싸울 때 호진이가 말리려고 둘 사이에 끼어드는 경우가 종종 있다. 하지만 모성애만큼 무서운 게 어디 있으랴! 내가 싸우는 모녀를 떼어 놓으려 밖으로 나가면 호진이는 내 뒤로 숨는다.

* * *

    송이는 호구 여섯 마리와 백구 두 마리를 낳았다. 사흘 후, 까미는 호구 다섯 마리와 재구 한 마리를 낳았다. 재구는 청회색 빛깔이 하도 특이하고 예뻐서 생후 삼 주만에 제일 먼저 분양을 예약받았다.

    호진이는 까미가 새끼를 낳은 지 며칠 뒤에 가까운 동물병원에서 불임수술을 받았다. 의사에게 호진이의 생각을 묻지 않고 우리 맘대로 수술을 결정해서 마음이 아프다고 말했더니 의사는 그러길 잘했다고 대답했다. 만약 물어봤다면 죽어도 받지 않겠다고 버텼을 거라는 거다.

산골 개들의 수난

1

"웅지야~ 웅지야~"

이른 아침부터 뒷집 할아버지의 애타는 외침이 골짜기에 가득하다. 웅지는 청년기의 수캐로 아주 온순하고 사람을 잘 따르는데, 행방불명된 지 벌써 나흘째다.

몇 달 전에도 이런 경우가 있었다. 웅지가 낮부터 안 보이더니 밤에도 돌아오지 않았다. 고라니나 멧토끼를 쫓아 산으로 올라가는 건 늘 있는 일이지만 보통 한두 시간 안에 내려온다. 그러니 올무나 차우❹에 걸린 게 확실했다.

이튿날 아침, 할아버지와 함께 까미를 데리고 수색에 나섰다. 까미는 두어 달 전에 올무에 걸린 송이를 찾아내서 구해준 경험이 있는

❹ 톱니 모양의 쇠붙이가 발목을 양쪽에서 조이게 만든 덫으로, 주로 멧돼지용.

데, 이번에도 성공해 웅지는 무탈하게 할아버지 품으로 돌아갔다. 정말 믿기 어려운 건 웅지가 발견된 곳이 그 집에서 불과 십여 발자국 거리였다는 사실이다. 그러니 등잔 밑이 어둡다고, 할아버지는 웅지를 찾아 엉뚱한 장소만 헤매고 다닌 거다. 웅지는 집 근처에서 놀다가 바로 옆의 관목 덤불에 설치된 올무에 걸린 건데, 녹음이 워낙 짙어서 할아버지로서는 전혀 알 수가 없었다.

마을 사람들 말로는 올무에 걸린 개들의 반응은 둘 중 한 가지라고 한다. 하나는 빠져나오기 위해 발버둥을 치는 거다. 대체로 묶여본 경험이 없거나 그걸 거부하는 까칠한 개들이 그렇다. 다른 하나는 며칠이고 그 자리에 납죽 엎드려 주인이 나타날 때까지 조용히 기다리는 거다. 일반적으로 묶이는 데 익숙하거나 유순한 개들이 그렇다.

웅지도 까미도 송이도 평소에는 거의 풀어두지만 불가피하게 묶일 경우가 종종 있다. 그런 구속 경험들이 역설적이게도 올무에 걸렸을 때 목숨을 구해주는 건데, 다만 주인이 빨리 발견해야 한다. 웅지 같은 착한 개들이 지닌 약점은 주인이 구해줄 때까지 신음조차 내지 않기 때문에 특히 초목이 무성한 계절에는 수색견의 도움 없이는 찾아내기가 거의 불가능하다는 거다.

송이도 두 번 올무에 걸렸다. 다행히 두어 시간 만에 구조되어 털끝 하나 다치지 않았지만 그때마다 가슴이 철렁했다. 올무는 산과 밭이 잇닿은 기슭에 많다. 대부분은 놓은 지 여러 해가 지난 건데, 스테인리스 쇠밧줄로 만들기 때문에 철거하기 전까지는 영구히 치명적이다. 옛날에 설치했다가 방치한 올무가 얼마나 많은지 내 밭둑에서만 서너 개를 찾았을 정도다.

　내 생각에, 올무보다 더 끔찍한 덫은 차우다. 거기에 걸리면 아무리 힘센 멧돼지라고 해도 온전히 빠져나올 수가 없다. 실제로 올해 큰 멧돼지 한 마리가 차우에 걸렸다가 사살된 적이 있다. 멧돼지보다 골격이 약한 짐승, 그러니까 고라니나 너구리, 개 등은 발목이 부러지거나 끊어지기에 십상인데, 그 증거의 하나로, 아랫집 과수원에는 발목이 잘려 절룩거리는 고라니가 출몰한다.

　며칠 전, 그토록 무시무시한 차우에 까미가 걸렸다. 우연인지 두 사건 간에 무슨 연관이 있는 건지는 잘 모르겠지만 웅지가 사라진 바로 다음 날이다. 두 녀석이 사고를 당하던 즈음에는 엽사와 사냥개들이 온 산을 뒤지고 다녔는데, 수렵허가 시즌이 시작된 직후였다.
　사냥 팀이 나타나면 부랴부랴 개들을 묶는다. 우리 개들이나 웅지도 사냥을 아주 좋아해 산에서 놀 때가 잦다. 사냥꾼들이 개를 사냥감으로 오인할 수도 있기에 우리 개들은 목줄에 방울을 달아 주었다. 하지만 웅지에게는 자신의 위치를 알려줄 만한 어떤 도구도 없다.
　까미가 차우를 밟았을 때는 이른 아침이었고 아직 사냥꾼들이 출현하지 않았다. 함께 나간 송이는 곧 돌아왔다. 까미든 송이든 뒤처진 하나가 수십 분이 넘도록 귀가하지 않으면 십중팔구는 무슨 탈이 생긴 거다. 아무래도 올무에 걸렸을 것 같아 송이와 함께 찾아 나섰다. 송이는 동산 기슭의 후미진 곳으로 뛰어갔고 거기서 두어 번 날카로운 비명이 들렸다. 까미였다!
　올무를 풀어주려 다가가니, 맙소사! 까미가 산에서 뛰쳐내려오더니 집을 향해 절룩거리며 뛰는데, 왼쪽 발목에 한 뼘이 넘는 커다란 차우가 채워져 있었다. 움직일수록 톱니가 살을 파고들고 조금이라도 충격을 받으면 발목이 부러질 테지만 까미는 비명을 지르며 막무가내로 집을 향해 내달렸다.

가까스로 붙잡아서 차우를 풀었다. 발을 딛지 못하게 그 무거운 놈을 집까지 안고 와서 발목에 부목을 대고 압박붕대를 감아 응급조치를 했다. 하필이면 일요일이라서 동물병원은 오후에나 연단다. 점심을 먹는 둥 마는 둥 하고 병원으로 내달렸다. 가슴 조이던 엑스레이 결과가 나왔다. 기적적으로 뼈와 인대는 멀쩡했고 톱니에 찍힌 자상 세 곳만이 문제였는데, 일주일만 잘 돌보면 큰 탈 없을 거란다.

의사는 치료를 마치면서 생각 밖의 말을 꺼냈다. 까미는 차우에 걸려서 다행이지 올무였다면 훨씬 위험했으리라는 거다. 그래서 우리 개들은 올무에 걸리면 납죽 엎드려 있으므로 다치지 않는다고 했더니 조금 놀라면서 이렇게 말을 이었다.

"덫에 걸려서 오는 개들이 아주 많아요. 그중 올무에 당한 놈들은 대부분 목숨이 위태로운 상태로 와요. 올가미에서 벗어나려 발버둥 치다가 목둘레에 깊은 상처를 입어요."

아무튼, 고맙다는 인사와 함께 병원을 나서려는데 까미가 안쓰러웠는지 의사가 조언을 건넸다.

"산골에 사시면 개를 묶어 두시지. 언제 어떤 일을 당할지 모르잖아요?"

내가 대꾸했다.

"그건 그렇지만 불쌍해서 못 묶어요. 하루를 살더라도 자유를 만끽하게 해주고 싶어요… 그렇기는 해도, 뭔가 대책을 생각해 봐야 겠어요."

우리 집이나 앞집, 뒷집들은 서로 수백 미터씩 떨어져 있는 외딴 집들이고 깊은 골짜기에 둘러싸여 있어 대부분 방범을 위해 개를 키운다. 주민들은 서로 친밀하고 모든 개를 잘 알고 있기에 녀석들도 사람을 잘 따른다. 내 경험으로는, 주인과 교감하면서 자유롭게 자란 개들이 평생 묶이거나 갇혀 지낸 개들에 비해 훨씬 온순하고 영리하고 건강하다. 개들에게도 정서와 스트레스와 트라우마가 있기 때문이다. 나는 우리 개나 웅지가 사람에게 으르렁거리는 걸 본 적이 없다. 낯설고 수상쩍은 사람이 나타나면 몇 번 짖는 게 고작인데, 보통은 그

런 사람에게조차 먼저 달려가 꼬리를 치며 쓰다듬어 달라고 조른다.

　병원에서 돌아와 보니 어떤 사냥 팀이 시작골로 들어가는 중이었다. 거기는 웅지의 사냥터 겸 놀이터인데, 멧돼지가 아주 많다. 몇십 분 후, 총소리가 네 번 났다. 그리고는 사냥개들이 서산을 가로질러 재 너머 밤골 쪽으로 달렸고 포수들도 뒤따랐다. 뒤처진 포수 하나가 내 집 뒤를 지나며 묻지도 않은 상황 설명을 했다. 멧돼지 네 마리를 쫓고 있는데, 모두 서쪽 골짜기로 넘어가서 추적 중이라는 거다.

　그런데, 아까 그 총소리가 뭔가 꺼림칙했다. 웅지가 근처 어디에선가 덫에 걸렸다면 색이 누레서 들짐승으로 보였을 수도 있었다.

　걱정 끝에 송이를 앞세워 녀석을 찾아 나섰다. 초겨울이라 낙엽이 모두 져서 산속이 훤히 들여다보였다. 하지만 시작골에서도, 사시나무골에서도, 고려장골에서도 발견하지 못했다. 할아버지도 웅지가 갔을 만한 곳을 모두 둘러봤지만 헛수고였다.

　어제 아침, 이틀간 묶여 있던 까미가 몹시 갑갑했는지 풀어달라고 보챘다. 연못이나 한 바퀴 돌아보라고 놔줬는데, 이런! 송이와 함께 냅다 앞산으로 튀었다. 산들바람에 실려 온 고라니 냄새가 야성을 자극했을 테다. 머리에 치료용 깔때기를 썼으니 덤불에 걸려 몇 걸음 못 가 돌아올 걸로 생각했지만 한 시간가량이나 귀가하지 않았다. 무슨 사고를 당했나? 깔때기가 나무에 걸려 꼼짝달싹 못 하나? 설마, 또 차우?⋯그럴 리는 없었다. 송이도 돌아오지 않았기 때문이다.

　아무튼, 그런 다리로 산을 쏘다니게 내버려 둘 수는 없었다. 두 달 된 손자랑 잔디에서 뒹굴며 노는 호진이를 데리고 방울 소리가 들리는 서산으로 들어섰다. 까미와 송이는 산속으로 일 킬로쯤을 이동해 거기에 와 있었다.

울창한 어린 솔숲을 뚫고 호진이를 따라갔다. 반 시간 만에 까미를 찾았는데, 녀석은 무슨 펜싱 선수라도 된 것처럼 깔때기를 상하좌우로 열심히 까딱거리며 덤불을 헤치고 있었다.

"이, …사냥에 환장한 놈아!"

까미와 송이는 호진이를 따라 순순히 하산했다. 그러고 보니 호진이도 작년에 응급실에 실려 간 전력이 있다. 살무사를 뒤쫓다가 주둥이를 물렸다.

모든 개를 묶은 다음, 니퍼를 들고 까미가 변을 당했던 동산의 작은 골짜기로 다시 가봤다. 남은 차우나 올무가 있다면 찾아내 없애야 했다. 또 근처에서 웅지가 발견될 수도 있고.

올무도 웅지도 없었다. 하지만 쇠로 된 녹슨 차우를 하나 발견했다. 톱니가 닫혀 있어 위험하진 않지만 내버려 둬서 좋을 건 없겠기에 바로 회수했다. 그건 그렇고… 까미가 걸린, 부식되지 않는 합금 재질의 차우는 누가, 언제 놓았을까? 처음에는 지금 한창 드나드는 사냥꾼들을 의심했지만 그들은 아닌 것 같다. 차우를 나무와 연결한 철사가 끊긴 걸로 봐서는 꽤 오래전의 것이다. 그럼 누굴까?…아마도 근처에서 농사를 짓던 마을 사람이었을 거다. 과거에—지금도 더러 그렇지만—농부들은 범법이란 걸 알면서도 논밭에 침입해 농사를 망치는 멧돼지나 고라니, 멧토끼 등을 잡기 위해 주변에 덫이나 올무, 독극물 미끼를 마구잡이로 놓았었다.

"웅지야~ 웅지야~"

아직도 소식이 없는지 할아버지의 애끓는 외침이 적막한 골짜기에 다시 메아리친다. 황금 시간이 그냥 지나가는 건 아닌가 하는 안타까움에 내 마음도 더욱 무거워진다.

그러는 사이, 까미가 재차 풀어달라고 보챈다. 용변이 급한 모양이다. 이런! 녀석은 해방되자마자 기다렸다는 듯 송이와 함께 또다시 앞산으로 튄다. '저, 저, 저, 저놈!'

아내가 좋은 생각이 있으니 잠깐 기다리란다. 아내는 호진이랑 놀고 있는 강아지의 엉덩이를 꼬집은 다음 산을 향해 높이 쳐들었다. 겁에 질린 강아지가 갖은 엄살을 부리며 나 죽는다고 소리쳤다.

"깨갱, 깽, 깽, 깽…"

손자이자 아들이 지르는 비명에 깜짝 놀란 할미와 어미가 바람을 가르며 달려오는 방울소리가 거실까지 들린다. '세상에…!'

그건 그렇고… 포근한 날을 잡아 아직 발견하지 못한 올무나 덫은 없는지 주변 산기슭을 다시 한번 샅샅이 뒤져봐야겠다.

2

웅지는 끝내 돌아오지 않았고 녀석의 행방은 오랫동안 미스터리로 남게 될 것 같다. 얼마 전, 그러니까 웅지가 사라진 지 열흘쯤 뒤에 까마귀 떼가 시작골 깊은 곳에 모여드는 걸 봤는데 웅지와 무관한 일이었기를 바란다.

나는 개들이 정말 학습 능력이 있는지 의심스러울 때가 많다. 특히 우리 개들을 보면 그런데 올무, 차우, 독사 같은 치명적 위험을 겪고도 깨닫는 게 전혀 없다.

지금 이 순간도 좋은 예다. 조금 전, 성장기의 시커먼 멧돼지 한 마리가 동산 허리를 가로질러 내려오더니 기슭을 타고 동네 쪽으로 내달렸다. 50미터쯤 뒤에 송이가 나타났고 그 뒤 30미터쯤에 까미가 보였다. 놈들은 까미의 차우가 있던 바로 그 지점을 차례로 건넜다. 방울 소리와 낙엽 부서지는 소리가 요란했다. 그 모습을 지켜보던 아내가 어이없다는 듯 중얼거렸다.

"저것들을 누가 말려!… 아무튼, 저 멧돼지 오늘 임자 만났네. 이젠 강아지도 없고… 저것들, 해가 져서야 돌아오겠네!"

개들이 제 몸집의 네댓 배나 되는 멧돼지를 잡지는 못한다. 하지만 동산을 뱅글뱅글 돌며 두어 시간 동안 달리기 연습만은 혹독하게 시켜준다.

호진이와 울타리

우리가 집을 지은 후, 주변에 매년 한두 채가 늘어나서 지금은 농막까지 포함해 일곱 채나 된다. 주인은 대부분 귀촌한 외지인들이다.

산속 외딴집이었을 때는 큰 문제가 없었지만 새로 들어온 주민이나 그들의 방문객 중에는 개를 싫어하거나 무서워하는 사람도 많을 거다. 그래서 하루빨리 개들을 이들로부터 격리해야 했다.

개들에게도 자유를 주고 사람들로부터도 차단하는 묘책이 뭘까? 아내와 상의 끝에 비용은 많이 들지만 앞 잔디와 홍련못을 아우르는 철제 울타리를 치기로 했다.

울타리 내부는 2백 평 남짓하여 개들이 뛰노는 데 부족함이 없었다. 그런데도 녀석들은 갇히자마자 허점을 찾아 울타리를 뱅뱅 돌았다. 높이가 1.2미터나 되니 그걸 뛰어넘을 수는 없다. 하지만 아래는 맨흙이라 약한 곳은 쉽게 파낼 수 있어서 우려되는 지점마다 큰 돌을 땅에 묻었다. 보강작업을 마친 다음 잠시 거실에서 쉬는데 호진

이가 보이지 않았다.

"호진아! 호진아!"

호진이는 내가 부르면 어디서라도 냉큼 달려온다… 이런! 녀석은 바로 왔지만 울타리 바깥이었다. 얼른 문을 열어 다시 가두고 탈출구를 찾은 다음 녀석을 데리고 가서 구멍을 가리키며 단단히 야단을 쳤다. 한 바퀴 돌아보니 파다 만 구멍이 서너 개나 됐다. 특히 경사진 곳이 취약했는데, 바깥쪽의 지면이 낮아 안쪽만 파내면 쉽게 통로를 낼 수 있었다. 시멘트는 꺼리는 건축자재지만 다른 방법이 없었다. 경사진 곳의 취약 지점을 찾아 땅을 파내고 콘크리트를 부은 다음 흙으로 덮었다.

이튿날 아침, 호진이가 또 사라졌다.

"호진아! 호진아!"

녀석은 홍련못을 돌아 헐레벌떡 뛰어왔다. 송이와 까미도 같은 곳에서 달려왔다. 송이와 까미는 울타리 안에서, 호진이는 울타리 밖에서! 호진이는 자신의 잘못을 아는지 납죽 엎드려 한 번 봐달라는 듯한 비굴한 표정으로 내 눈치를 살피며 살래살래 꼬리를 쳤다.

도대체, 이번엔 어디지? 녀석들이 모여 있던 곳이 수상해서 조사해보니 홍련못과 백련못 사이 고사리밭에 새로 판 구멍이 있는데, 무성한 고사리에 가려져 잘 보이지 않았다. 호진이를 데려와서 재차 야단을 치고 구멍에 울퉁불퉁한 통나무를 끼워 넣었다. 만약을 위해서 주변의 미심쩍은 곳도 모두 통나무나 돌로 막았다. 공사가 완벽했는지 호진이는 더 이상 탈출하지 못했다. 적어도 장마철까지는 –

장대비가 쏟아지던 장마 막바지의 어느 날, 거실에서 내다보니 송이와 까미가 비에 쫄딱 젖은 채로 안절부절못하며 울타리를 빙빙 돌고 있었다. 호진이도 따라서 돌고 있는데… 이런! 녀석이 도는 곳은 울타리 바깥이었다.

"호진아! 호진아!"

송이와 까미는 바로 달려왔지만 호진이는 들어오지 못해 문 앞에서 '낑낑'댔다. 도대체 뭣 때문에 이 녀석들이 빙빙 돌았지? 밖에 고라니가 있나? 그렇다면 송이와 까미도 뛰쳐나가고 싶어서 난리를 쳤을 텐데…

자초지종은 이랬을 거다. 호진이는 쥐나 족제비를 뒤쫓아 땅을 파다가 엉겁결에 밖으로 나갔다. 송이와 까미가 안에 있으니 다시 들어오고 싶었지만 나간 곳을 찾지 못했다. 호진이는 밖에서 송이와 까미를 따라다녔고 송이와 까미는 안에서 호진이를 따라다녔다. 개들의 사회성이라고나 할까? 졸지에 울타리를 두고 격리됐으니 녀석들은 다시 합칠 궁리를 하느라고 부산을 떨었다.

울타리와 땅 사이에는 한 뼘가량의 공간이 있어 조금만 파내면 개들이 밑으로 빠져나갈 수 있다. 하지만 그동안은 긴 가뭄으로 몇몇 지점을 빼면 땅이 돌처럼 딱딱해 파내지 못했다. 장마철이 되자 흙이 물을 잔뜩 머금어 손으로도 파낼 수 있을 정도로 물러졌다. 특히 경사 구간 중 보강공사를 하지 않은 곳이 연약했는데, 작은 충격만 줘도 흙이 맥없이 밀려 나갔다.

창고에서 쓰고 남은 철망을 몽땅 가져 와 30센티 폭으로 잘랐다. 땅이 무른 구간을 약간씩 파내고 자른 철망을 울타리 하단에 10센티쯤 겹치도록 죽 이어붙인 다음 다시 흙을 덮었다. 호진이가 탈출하려면 이제 최소한 40센티 깊이로 파내야 하는데, 30센티부터는 땅에 박힌 돌멩이가 많아서 사실상 불가능하다.

기특하게도 송이와 까미는 탈출한 적이 없다. 하지만 놈들이 탈출했다면 모처럼의 자유를 만끽하려 산과 들을 종횡무진 뛰어다니다가 밤늦게나 돌아왔을 거다. 동네 산짐승들에게 평생 잊지 못할 지긋지긋한 악몽을 선사한 다음에!

뒷집 할아버지네도 개가 두 마리 있는데, 웅지를 잃은 경험에도 불구하고 여전히 풀어 놓는다. 하지만 그 개들도 엄청 순하고 사람을 잘 따라 종종 동네 닭을 놀라게 하는 것밖에는 사고를 친 적이 없다.

'호진이 나갔다 들어온 데'

어느 날, 아내와 함께 개들을 데리고 고 씨네 과수원으로 놀러 갔다. 과수원에는 전기울타리가 있어서 개들이 밖으로 나갈 수 없지만 만약 나가게 되면 동네에 한바탕 소동이 벌어질 수 있다. 송이와 까미는 고양이나 닭을 쫓아다닐 거고 호진이와 쭈니는 암캐를 찾아다닐 거다.

개들은 숨바꼭질하며 신나게 놀았다. 송이, 까미, 쭈니는 신경 쓰지 않아도 됐지만 호진이는 감시가 필요했다. 탈출 경험이 세 번이나 되니 동네에 발정기의 암컷이라도 있다면 유혹을 참지 못하고 기어이 울타리 아래로 빠져나갈 것이기 때문이다.

나는 담소 중에도 틈틈이 호진이를 불러서 위치를 확인하고 다른 생각을 품을 여유를 주지 않았다. 하지만 웃고 떠들며 잠시 방심한 사이, 호진이가 사라졌다. 뒤꼍이 수상해서 돌아가 보니 호진이는 울타리 너머 냇물 건너편 밭을 지나고 있었다.

"호진아! 너 뭐 해! 빨리 돌아와!"

호진이는 주춤하고 제자리에 섰다. 다시 소리쳤다.

"너 혼날래? 얼른 들어와!"

뭔가에 이끌려서 몰래 탈출한 개가 야단친다고 되돌아온다는 건 이웃 사람들로서는 생각하기 어려운 일이었다. 고 씨가 웃으며 말했다.

"에이, 그런다고 도망친 개가 되돌아오나요? 사람도 아니고…"

고 씨의 관심은 호진이의 복귀 여부가 아니라 빠져나간 위치였다. 거기는 틀림없이 취약 지점일 테니 고라니나 멧돼지가 들어올 수도 있어서 보수가 필요했다.

호진이는 못 들은 척하고 동네로 튈까, 되돌아갈까 잠시 망설였다. 그러다가 나와 눈이 마주쳤다. 내 눈빛이 심상치 않다는 걸 확인한 호진이는 마음을 정한 듯, 뒤로 돌아서 냇물을 건넜다. 모두 어디로 들어올지 궁금해서 숨을 죽이며 지켜봤다. 녀석은 조금의 주저함도 없이 냇둑 밤나무 아래 꽃밭으로 기어들어 왔다. 거기는 사람 눈높이에서는 여느 곳과 다름없어 보였는데 자세를 낮춰 보니 전깃줄과 땅의 간격이 가장 넓었다.

녀석의 행동에 모두 적지 않은 충격을 받았다. 호진이는 말 잘 듣는 개로 한층 유명해졌고 더욱 귀여움을 받았다. 이 사건은 우리 동네에서 하나의 전설이 됐고 그 밤나무 아래는 '호진이 나갔다 들어온 데'라는 지명을 얻었다.

며칠 전, 고 씨네 냇둑에 석축 공사가 있었다. 고 씨에게 공사 구간이 어떻게 되냐고 물었더니 이렇게 대답했다.

"여기 다리부터 저기, 호진이 나갔다 들어온 데까지요."

봄벌을 깨우며

설날이다. 지난주까지만 해도 두툼한 방한복을 걸쳐야만 바깥 출입을 할 수 있을 만큼 매섭게 추웠는데, 요 며칠은 최고 기온이 십 도를 넘나들 정도로 포근하니 봄벌을 깨울 때가 됐다. 방충모자와 장갑을 챙기고 축대 사이에 심은 붓꽃들이 움을 틔우는지 어린 만병초와 비자나무들은 혹독했던 겨울을 잘 이겨냈는지 하나하나 살펴보며 봉사(벌통을 놓고 벌을 사육하는 시설)로 간다.

* * *

양봉은 감나무 과수원을 포기한 다음, 은퇴 후 부업거리로 생각해보던 것 중 하나다. 본격적인 시작은 은퇴 이후로 예정하고 있지만 미리 경험을 쌓아둘 필요가 있었다.

벌통 구매를 앞두고 아내와 작은 실랑이가 있었다. 아내 생각은 내가 왕초보이니 먼저 양봉에 대해 어느 정도 공부한 다음에 시작하라는 거다. 하지만 뭐든 어차피 할 거라면 일단 지르고 봐야 한다는 게 내 소신이다. 아내는 기어이 하겠다면 실습 삼아 한 통으로 시작하라고 했다. 나는 최소한 세 개는 돼야 그중 하나라도 내년까지 버틸 수 있을 거고 그래야 내년에 여러 통으로 늘일 수 있다고 우겼다. 뿔이 난 아내가 멋대로 하라며 동의해서 재작년 사월, 지인에게서 벌통 세 개를 분양받았다. 나는 시행착오를 통해 배워나갈 계획이었고, 세 통 중 두 통은 말하자면 보험과 비슷했다.

벌통을 살 때, 며칠 내에 뭔가 더 넣어줘야 한다는 설명을 들었다. 돌아오는 길 내내 그 말이 머릿속을 맴돌았다. '뭐더라? …에이, 어차피 양봉자재점에 가야 하니 거기서 물어보면 되겠지, 뭐!'

이튿날, 자재점으로 갔다. 주인은 뭘 찾는지 물었다.

"이름은 잘 모르겠지만 벌집 늘려줘야 한다고 해서요."

"??? 아, 소초광!"

"……"

"또 필요하신 게 뭐죠?"

"잘 모르니 알아서 주세요!"

"??? 처음 시작하시는 거면… 봉솔, 밀도, 벌장갑, 훈연기, 소비집게, 채밀기, 내검액…"

"???"

주인은 생전 들어본 적이 없는 생소한 비품들을 열거하며, 양봉에 꼭 필요하다고 말했다. 가게에는 나 말고도 손님이 대여섯 있었다. 그들이 주고받는 이야기는 전문용어 투성이라서 전혀 알아들을 수 없었다. 한동안, 마치 외계인 마을에 온 것처럼 느껴졌다. 자연스레 그들 또한 나와 주인의 대화를 듣게 됐다. 주인이 내게 줄 물건을 챙기고 있을 때, 그들 중 하나가 조심스럽게 물었다.

"근데, 양봉 시작한 지 얼마나 됐어요?"

"…하루요! 어저께 사 왔는데요?"

"예?! …그 전에 양봉에 대해 배웠어요?"

"아니요. 배운 적 없는데요."

"몇 통이나 하시는데?"

"세 통이요."

"전혀 배운 적도 없이 바로 벌을 사 오셨다고?"

다른 손님이 끼어들었다.

"거, 용기가 대단하시네!"

나는 졸지에 '무식하면 용감하다'는 말의 본보기가 되고 말았다. 가게 내의 화제가 나의 무지와 무모함에 초점이 맞춰지면서 대화의 수위는 점점 고조됐다.

"그렇게 무턱대고 하면 올해를 못 넘겨요! 벌에 병이 얼마나 많은데!"

"올해는 무슨! 100% 장담하는데, 길어봐야 두어 달이지!"

이윽고 수위는 절정에 이르렀다.

"아무래도 이 양반, 한 달 안에 벌 다 죽이겠네!"

나는 아무런 대꾸도 못 하고 쏟아지는 힐난을 잠자코 들어야만 했다. 그러다가 구박이 잠잠해진 틈을 타, 큰 용기를 내어 모기만 한 목소리로 주인에게 물었다.

"그럼, 어떻게 하죠?"

주인은 책 한 권을 건네주며 이것만 제대로 익히면 잘 될 거라며 용기를 줬다.

나중에 알았지만, 양봉에는 도제 비슷한 문화가 있다. 초보자는 스승 밑에서 이삼 년간 지식과 경험을 쌓은 후에 몇 통의 벌과 함께 독립하는 게 보통인데, 손님들도 대부분 그런 과정을 거친 사람들이었다.

여건상 나는 독학할 수밖에 없었다. 불쌍한 벌들을 한 달도 안 돼 다 잃을 수는 없어서 책을 하루 만에 읽고 다른 서적들도 주문해서 읽었다. 하지만 전문용어가 너무 많아 완벽히 이해할 수가 없었다. 유튜브를 검색해서 양봉 교육 영상은 모조리 재생시켜본다는 각오로 일주일을 보냈다. 그리고 다시 책을 들여다보니 무슨 말인지 해득되기 시작했다.

이 정도 지식이면 됐겠다 싶어 처음으로 벌통을 열었다. 책과 영상에서 수없이 봤지만, 막상 실물을 대하니 수많은 벌 중에서 어떤 게 여왕벌이고 어떤 게 수벌인지 전혀 구분할 수 없었다. 더욱 어처구니없는 건… 방충복을 입으면서 자크 잠그는 걸 잊었다는 거다.

허리를 숙이고 내부를 들여다볼 때, 화난 벌들이 벌떼같이, 아니 진짜 벌떼가 방충복 안으로 들어와서 머리 주변을 맴돌며 가장 아픈 부위만 골라서 쏘아댔다. 방충복 안에 들어온 벌들은 침을 쏘고 스스로 죽을 때까지 떨쳐낼 방법이 없었다. 방충복을 벗으면 되지 않냐고? 밖에는 머리끝까지 약이 오른 벌떼 군단이 대기하고 있다!

결국, 얼굴과 머리 쉰 군데에 벌침이 꼽히는 것으로 첫 실습의 대가를 치러야 했다. 아내는 구급차를 불러야 할지, 약을 사 와야 할지 안절부절못했다. 하지만 내가 누군가! 오히려 객기가 발동했다. 박힌 벌침만 대충 빼내고 모든 벌통을 열어 의연하게 검사를—사실, 뭘 검사해야 하는지도 모르면서—마쳤다. 아내마저 나를 못 알아볼 정도로 쏘인 곳이 부어오른 상태였지만.

소싯적, 말벌이나 쌍살벌 집을 보고 그냥 지나친다면 사내가 아니었다. '작대기로 내리치거나 돌멩이로 맞춰 벌들이 쏟아져 나올 때 도망치기'는 우리 동네 남자아이라면 누구나 하는 놀이였다. 그 과정에서 나도 엄청나게 쏘였기 때문에 아직 저항력이 남아 있어서인지는 잘 모르겠지만 별다른 치료 없이 며칠 만에 본래의 얼굴을 되찾았다.

아무리 조심해도 벌통 속을 검사할 때는 으레 벌에 쏘인다. 팔과 다리가 제일 많이 당하지만, 지퍼 틈을 비집고 방충복 속으로 들어오는 놈이 늘 한두 마리는 된다. 나의 최후 방어선은 눈꺼풀이다. 거기를 쏘이면 눈두덩까지 부어올라 이틀 정도 앞을 볼 수 없게 된다. 마침 출근해야 하는 날이면 운전에도 지장이 크다. 언젠가 불가피하게 퉁퉁 부어오른 눈으로 강의를 나간 적이 있는데, 운전의 어려움으로 십여 분 지각했다. 하도 미안해서 다음번 강의 때 꿀을 나눠줬더니 언제 또 쏘이실 거냐고 학생들이 물어왔다.

최악의 경우는 양쪽 눈꺼풀을 모두 쏘였을 땐데, 이삼일 간 아예 바깥 활동이 불가능하게 된다. 벌들은 이상하게도 눈 주변과 이마를 집중적으로 노리며 쏜 곳을 또 쏘는 경향이 있다. 다행인 건 나의 내성도 점점 커지고 있다는 거다. 지난 2년간 눈꺼풀과 이마를 워낙 공격당해서 그런지 지금은 붓는 둥 마는 둥 하고, 통증도 몇십 분이면 사라진다.

많은 시행착오 끝에 첫해 200킬로그램의 꿀을 수확할 수 있었고 월동시킬 즈음엔 벌통도 다섯 개로 불어났다. 그게 작년에는 일곱 통이 되었고 지금 겨울잠에서 깨우려는 것들이다. 작년은 냉해로 봄 꿀이 극심한 흉년이었고 장마가 두 달이나 계속돼 여름 내내 벌이 활동할 수 없었다. 가을에 들어서야 들깨와 꽃향유꿀이 제법 들어왔지만 연간 수확량은 150킬로그램에 불과했다. 그래도 다른 농가보다는 훨씬 준수한 성적이다.

경제학의 창시자로 불리는 애덤 스미스Adam Smith는 "지주는 심지는 않고 거두기를 좋아한다"고 말했는데, 집과 농장 소유주인 아내가 꼭 그렇다. 벌 보살피는 데는 무관심하지만 꿀 수확에는 열성적이다. 어쨌든, 첫해에 이미 수익이 투자비를 넘어서자 아내는 적어도 양봉에 관해서는 더는 불평이나 잔소리를 하지 않는다.

* * *

두 달 만에 벌통 앞에 선다. 이런! 벌들이 벌써 사방으로 날아다 닌다. 놈들은 물을 구하거나 이제 막 피어나는 갯버들꽃에서 꿀과 꽃가루를 따러 나왔을 거다. 부지런의 대명사답게 내가 나서기도 전에 스스로 겨울잠에서 깨어났다.

벌통을 연다. 극심했던 추위로 얼어 죽은 무리가 있을까봐 은근히 걱정했지만 다행히 모두 건강하다. 놈들은 봉구(겨울잠을 잘 때 보온을 위해 벌들이 스스로 공처럼 뭉치는 것)를 풀고 소비(양면으로 벌집이 지어진 직사각형 판)에 촘촘히 붙어 있다. 사양기(먹이통)에 신선한 설탕물을 부어주고 소비 위에 화분떡(꽃가루를 주성분으로 만든 애벌레용 인공 먹이)을 얹어준 다음 뚜껑을 덮고 소문(벌 출입구)으로 급수기(물통) 꼭지를 들이민다. 그러는 사이 기온이 더 올랐다. 벌통에 바깥바람이 들어오자 벌들이 일제히 뛰쳐나와 마치 봄맞이 축제라도 벌이는 듯 봉사 주변을 활기차게 비행한다.

봄벌 깨우기를 마치고 한 바퀴 돌아본다. 올 한 해, 꿀벌과 상부상조할 봉사 주변의 식물들도 겨울잠에서 함께 깨어 초록빛 얼굴을 내밀었다. 봉사 바로 앞, 햇볕 가득한 곳은 냉이들 차지다. 성급한 것은 꽃대를 올리고 있고, 벌써 꽃이 피는 것도 있다. 냉이밭 가장자리엔 꽃다지 새싹들이 연둣빛 장미의 모습으로 땅바닥을 가득히 수놓았다.

봄나물인 냉이와 꽃다지를 포함해서, 우리가 먹는 식량의 4분의 3 정도가 직접, 간접적으로 벌의 수분에 의존한다고 하니 벌은 참으로 소중한 존재다. 사실, 꿀은 벌이 주는 편익의 극히 일부에 불과하다. 벌의 진짜 가치는 식물의 종 다양성, 더 나아가 생태계의 안정성 유지에 있다.

> 우리는 모든 생명체, 자연 전체,
> 그리고 그 아름다움을 끌어안도록
> 사랑의 대상을 넓힘으로써
> 자신을 해방해야만 합니다.
>
> — 알베르트 아인슈타인 Albert Einstein,
> Einstein's Letter to Robert S. Marcus

3부
생명 이야기는 이어지고

뱀과 추억

1

중학생 무렵인가? 친구 중에 괴짜가 있었는데 멀리까지 명성이 자자한 우리 동네의 악동이자 골목대장이었다. 특기는 아무리 터무니없는 거라도 무조건 우기고 보는 거였다. 그러다 보니 주변과 말다툼이 잦았고 몸싸움도 적지 않았는데, 다른 마을 애들의 코피를 터뜨리고 오면 영웅으로 대접받았지만 옆집 자식들과 쌈질이라도 벌이면 망나니로 취급받았다. 그래서 사람들은 되도록 그와는 입씨름을 피하려 했고 나도 마찬가지였다.

어느 여름날, 친구들이 동네 주변에서 커다란 살무사 한 마리를 산 채로 잡아 왔다. 우리는 그물에 갇힌 놈을 내려다보며 각자 뱀에 관한 섬뜩한 경험과 온갖 낭설들을 쏟아냈다. 그중 누군가의 얘기가 아직도 생생히 기억되는데, 뱀은 짝이 있어서 한 놈을 죽이면 남은 놈이 꼭 복수하니 아주 조심해야 한다는 거다.

그러던 중 괴짜 친구가 정말 얼토당토않은 말을 꺼내고는 자기가 옳다며 박박 우겨대기 시작했다. 살무사 독이 아무리 세다고 해도 사람 침이 더 독한데, 그래서 만약 사람이 살무사를 물면 놈은 끔찍한 고통 속에 몸부림치며 죽어간다는 거다. 사람이 사람을 물면 문곳이 짓무르고 퉁퉁 부어오르는 게 그 증거란다.

사람 침에 독이 있다는 얘기는 생전 처음 들어봤고 더구나 독사보다도 세다는 건 도저히 믿기 어려웠다. 아무도 맞는다든가 틀린다든가 하는 대꾸가 없자 화가 머리끝까지 치민 친구는 오른손으로 뱀 꼬리를 잡고 팔을 수평으로 쭉 뻗은 다음 고개를 돌려 자신의 어깨 언저리를 힘차게 물었다. 모두 흠칫 놀라 두어 걸음 물러섰다. 꼬리가 붙들린 채로 허공에 매달린 뱀은 어떻게든 빠져나오려고 요란스레 꿈틀거리며 발버둥 쳤다.

"이것 봐, 뱀이 얼마나 아파하는지! 내 침이 손가락을 타고 뱀에 퍼진 거야!"

어이가 없었다. 뱀을 물지도 않았는데 침독이 퍼졌다니! 하지만 놈이 그의 팔에서 S자를 그리며 더욱 거세게 구불거리자 우리들의 신념도 흔들리기 시작했다. '정말 침독이 그렇게 센가?'

다시 땅바닥에 내려진 뱀은 똬리를 틀고 혀를 날름거렸다. 이론대로라면 지금쯤은 침독이 퍼져서 죽었어야 했다. 더욱 부아가 난 친구는 뱀을 동네 청년들에게 갖다주었다. 심심풀이와 별밋거리를 찾던 청년들은 아주 좋아했다.

그날 밤, 어디선가 고기 타는 누린내가 나는 듯했고 친구들은 냄새를 좇아 어떤 집으로 몰려갔다. 대청마루에서는 청년들 사이에 막

걸리 파티가 벌어졌고 마당 한복판의 이글거리는 화톳불에는 토막 난 뱀이 지글거리고 있었다. 나는 그 모습과 냄새에 메스꺼움을 느껴 곧바로 집으로 돌아왔다. 아까 들은 말이 줄곧 머릿속에서 되뇌어졌다.

'뱀은 꼭 복수한다는데…'

이튿날 짙은 어둠이 내릴 무렵, 동네에 야단이 났다. 어제 뱀을 구워 먹었던 청년 중 하나가 앞산 길섶에서 살무사에게 발목을 물린 거다. 제일 가까운 병원은 30리 밖에 있었다. 그중 10리는 손수레에 실려서 가야 했고 나머지 20리도 하루에 몇 번 없는 미니버스를 타야 했다. 이튿날, 청년과 가족은 갖은 고생 끝에 병원에 도착했다. 하지만 당시 의술로는 별다른 치료법이 없어 병원 측도 환자가 스스로 이겨내기를 기대할 수밖에 없었다. 치료는 신통치 않고 입원비만 가중되자 청년은 일주일 후에 퇴원했다.

나도 문병 간 적이 있는데, 극심한 염증으로 부어오른 다리가 정말 끔찍했다. 청년은 한 달 이상 방에 누워서 지냈다. 젊고 건강했던 덕에 다행히 완치되었지만, 그 경험이 얼마나 끔찍했던지 청년 가족은 얼마 후 전답을 모두 팔고 시내로 이사 가서는 영영 되돌아오지 않았다.

지나고 보니 뱀이 정말 복수를 한 셈이 되었다. 하지만 번지수가 이상했다. 인간의 관점에서 보면 가장 큰 죄를 지은 건 청년이 아니라 괴짜 친구 아니었을까?

그해 겨울방학이 끝나갈 무렵의 어느 맑고 추운 날, 한 무리의 땅꾼이 뒷산 자락의 작은 골짜기로 들어가서는 오솔길 오른쪽의 양지바른 급경사 지역에 돌출된 바위를 깨고 나무를 캐냈다. 저녁 무렵, 그들은 바위 아래 깊은 굴에서 겨울잠을 자던 뱀 무리를 큰 자루에 가득 담아 마을을 떠났다.

아이들은 온종일 그들을 졸졸 따라다니며 놀았다. 나는 지금도 정체를 알 수 없는 야릇한 반발감과 작은 두려움 때문에 땅꾼들을 피했고 친구들과 어울리지도 않았다.

며칠 후, 나는 땅꾼들이 뱀을 잡은 곳에 가보자고 친구들을 꾀었다. 사실, 뱀이 어떤 장소에서 겨울잠을 자는지, 땅꾼들은 언 땅을 어떻게, 얼마나 파헤쳤는지 몹시 궁금했지만 혼자 가기에는 뭔가 꺼림칙했기 때문이다.

오솔길에는 깨진 바위와 돌조각, 모래흙, 나무뿌리가 널브러져 있었고 위쪽 가파른 언덕은 폭탄에 맞은 듯, 커다란 구덩이가 패어 있었다. 모두 거기로 올라갔다. 그 속에는 기적적으로 살아남은 외톨이 누룩뱀이 돌 틈에서 햇볕을 쬐고 있었다. '그런 학살과 모진 추위에도 살아남은 놈이 있네!' 놈은 우리를 보고도 그 자리에서 꿈쩍도 안 했다. 늦겨울의 추운 날씨에 변온동물인 뱀이 움직이지 못하는 건 당연했으리라! 해가 지고 기온이 더 떨어지면 은신처를 잃은 놈은 밤을 어디에서 보내게 되나? 지난 며칠간의 맹추위는 어떻게 버텼을까? 땅이 풀리려면 앞으로도 두어 달은 걸리는데 그동안 이 불쌍한 놈이 살아남을 수 있을까?

잠시 생각에 잠긴 사이 괴짜 친구가 바위 파편을 집어 들더니 뱀을 향해 냅다 던졌다. 빗나가자 다시 하나를 집어 들었다. 어리둥절하던 친구들도 주섬주섬 모난 돌멩이를 집어서 뱀에게 집중포화를 퍼부었다. 뱀은 옆구리 여기저기가 터지기 시작했다. 하지만 조금씩 꿈틀거리기만 할 뿐 전혀 피하지 못해 결국 수십 군데를 난타당했다. 이제 그만해도 되련만 아이들은 계속해서 돌을 던졌다. 주변에 더는 던질 게 없어지자 오솔길까지 내려가서 몇 개씩 주워왔다. 뭔가 응보를 당할 것만 같은 두려움과 무방비 상태로 안쓰럽게 죽어가는 뱀을 구경만 하고 있던 나는 주변의 눈초리가 공범으로 합류해야만 할 정도로 험악해진 걸 느꼈다. 오솔길로 내려가서 큰 돌 하나를 가져왔다. 그리고는 뱀 앞으로 다가가 정통으로 머리를 내리쳤다. 뱀은 즉사했고 그와 함께 돌 세례도 멈추었다.

이게 뭔가! 내가 여기에 오자고 한 이유는 생존자를 찾아내서 학살을 매듭짓자는 게 아니었다. 또 생존자가 있으리라고는 상상조차 못 했다. 그런데 연약하고 독도 없는 그 마지막 뱀은 나로 인해 가장 끔찍한 방법으로 죽임을 당했다.

그건 그렇고, 이번 보복은 누가 당하게 되는 거지? 첫 돌을 던진 괴짜 친구? 설마, 치명타를 날린 바로 나?!

그날 이후, 근처를 지날 때면 놈이 생각나서 일부러 구덩이에 올라가 보곤 했다. 땅에 생긴 상처가 얼마나 깊었던지 십 년이 지나도 흉터가 뚜렷했다.

나는 아주 어릴 적부터 외지에 나가 살았지만 방학만큼은 고향에서 보냈다. 하지만 사회생활을 하게 되면서 고향 갈 기회가 점점 줄어들어 이십 년 전부터는 추석 무렵에 한두 번 들르는 정도에 그치게 됐다.

어머니 산소는 땅꾼들이 판 구덩이 위쪽의 능선 너머에 있다. 가는 방법은 세 가지가 있는데, 하나는 냇물을 건너고 논둑을 따라 들을 가로지른 뒤 산소 바로 아래 기슭에서 직선으로 올라가는 거다. 가장 가깝지만 길이 없고 경사가 심해 힘이 많이 들며 자칫 방향을 잃기 쉽다. 다른 하나는 동네 초입에서 시작되는 길고 완만한 뒷산 능선을 타고 쉬엄쉬엄 걷는 방법이다. 제일 멀지만 그나마 길이 뚜렷하고 힘이 적게 든다. 마지막은 그 구덩이 아래를 지나가는 고불고불한 오솔길을 따라 언덕 꼭대기에 오른 다음 거기서 능선을 타는 방법으로, 말하자면 두 번째 방법의 지름길이다.

양말을 벗고 바지를 걷어 올리는 게 조금 성가시기는 하지만 다리를 적셔 가며 모래와 자갈을 밟고 맑은 개울을 건너는 즐거움이 더 컸기 때문에 첫 번째 방법을 제일 좋아했다. 그리고 이따금 옛 추억이 떠오를 때는 세 번째 방법을 택했다. 하지만 십여 년 전부터인가? 숲이 우거지고 산기슭과 오솔길이 칡덩굴에 휘감기게 된 다음부터는 두 번째 방법을 애용하게 됐다. 능선도 곳곳이 덤불에 뒤덮인 것은 마찬가지지만 나에 앞서 벌초 온 사람들이 길을 터 두기 때문에 추석 무렵에는 항상 훤히 뚫려있다.

아까 올라오면서 보니 세 번째 방법의 옛 오솔길 흔적을 따라 능선으로 연결되는 새길이 났고 그 끝에는 못 보던 무덤이 생겼다. 길은 거기에 묏자리를 쓰기 위해 임시로 닦은 게 틀림없었다. 돌아갈 때는 그리로 내려가 보기로 하고 성묘를 마쳤다.

정말 얼마 만인가! 땅꾼들이 허문 언덕 앞에 다시 섰다. 긴 세월 동안, 이 골짜기에는 아무도 찾아오는 사람이 없었는지 주변은 울창한 넝쿨에 휩싸였다. 덤불을 들춰보지만 그 구덩이가 어디쯤인지 가늠하기가 쉽지 않다. 저기, 불쑥 튀어나온 바위 근처일 텐데…

사라져가는 흔적 속에 애잔한 추억이 되살아난 죄책감과 뒤섞인다. 길모퉁이에 비스듬한 햇살을 받으며 한들거리는 푸르스름한 꽃들이 보인다. 가을하늘을 머리에 이고 촘촘히 피어난 쑥부쟁이다. 들국화라는 이름이 말해주듯이 옛날엔 추석 무렵의 길가에 아주 흔했던 꽃이지만 지금은 인적이 드문 외딴 산기슭에서나 이따금 볼 수 있을 정도로 귀해졌다. 이제 모든 시골길은 코스모스, 마리골드, 가우라 같은 외래종 화초가 쑥부쟁이, 벌개미취, 감국, 구절초 같은 토종 들국화를 대신하고 있다.

2

　고등학생 무렵, 그러니까 고모부가 소수서원 근처의 순흥초등학교 교장이실 즈음이다. 고모 가족은 관사에서 살았고 나는 방학 때마다 며칠씩 거기서 사촌들과 지냈다. 고향 집에서 십 리밖에 안 돼 자전거로 오갔는데, 전체 구간이 완만한 고갯길이라서 서낭당까지 올라 돌무더기에 조약돌 하나를 보탤 때까지는 땀범벅이 돼가며 자전거를 끌어야 했다. 하지만 고갯마루부터는 고생한 보람이 기다렸다. 페달을 밟을 필요도 없이 내리막길을 시원하게 달려 금방 목적지에 다다를 수 있었다.

　다랑논들이 거대한 계단처럼 층층이 붙어 있는 고갯길 주변에는 유난히 무자치(물뱀)가 많았다. 굽이마다 마주치게 되는 놈이 한둘이 아니었는데, 녀석들이 길섶에 어슬렁거리거나 길을 가로지를 때마다 급히 자전거를 멈춰야 했다. 하지만 그렇게 하면 논두렁에 처박히기 쉬웠다. 그래서 언제부턴가는 좌우 살피지 않고 무조건 앞만 보며 내달리게 됐다.

　우리도 그렇지만 뱀들도 당황하면 몹시 우왕좌왕하며, 요란스레 꿈틀대기만 할 뿐 제대로 기지 못한다. 한낮의 열기 아래 느릿느릿 길을 건너다가 난데없이 달려오는 자전거를 본 놈들은 순간적으로 방향감각을 잃고 길 중간에서 허둥댄다. 가속도가 붙은 나는 자전거를 멈출 방법이 없다. 그래서 저 앞에 검은 작대기 같은 게 꿈틀대는 모습이 보이면 숨을 들이켠 다음 핸들을 꽉 잡고 내달렸다. 발을 페달 위에 두면 자전거에 치여 허리나 꼬리를 다친 뱀이 튀어 올라

발목을 물 수도 있었으므로 다리를 쭉 뻗어 최대한 들어 올렸다. 고개를 넘을 때마다 그런 사고로 평생 불구로 살게 된 불쌍한 뱀이 한두 마리는 나왔다.

그렇게나 흔하던 무자치가 지금은 거의 사라져 좀처럼 보기 어려워지고 말았는데, 가장 큰 원인은 농약일 거다. 무자치는 습지에서 개구리나 물고기를 잡아먹으며 산다. 하지만 오랜 세월 동안 살충제와 제초제가 광범위하게 살포되면서 논의 먹이사슬은 바닥부터 붕괴했고 최상위 포식자인 무자치도 더는 살아남을 수 없게 됐다.

까닭은 잘 모르겠지만 최근 들어 '땅꾼'이라고 하는 특수직업이 거의 없어졌다. 뱀탕 애호가가 줄어서일 수도 있고, 단속이 강화됐기 때문일 수도 있고, 뱀이 귀해져서 대량포획이 어려워졌기 때문일 수도 있다. 어떻든 그 덕에 집 근처나 논밭을 빼면 점차 뱀 숫자가 회복되고 있다. 인적이 드문 산 중턱은 특히 그런데, 버섯 철에 동네 산에 올라가 보면 보통 두세 마리는 맞닥뜨린다. 대부분 살무사 종류이고 드물게 구렁이나 능구렁이도 눈에 띈다. 하지만 무자치 수는 거의 회복되지 않아 지난 몇십 년 동안 겨우 대여섯 마리밖에 보지 못했다. 안타깝게도 그중 두 마리는 본의 아닌 살생으로 죽어버린 것이었지만…

십여 년 전 유기농 공동체 마을의 땅을 빌려 주말농장을 할 때, 밭에 붙어 있는 인공 연못을 대상으로 재미 겸 교육 겸 어린 딸들과 생태계 복원사업을 했었다. 사업—워낙 규모가 작아 '사업'이라기보다는 소일거리에 불과했지만—의 골자는 주변에서 사라져가는 수생 동식물들을 채집해서 연못에 풀어준 다음 자연 증식시키는 거였는데, 특히 여름방학에는 갈 때마다 며칠씩 체류하면서 정성을 쏟았다.

매일 저녁, 연못에 새로 합류한 물고기나 개구리가 잘 정착했는지 조사하기 위해 덫을 놓고 다음 날 이른 아침에 잡힌 것들을 확인했다. 어느 날, 덫 중 하나에 꾸부정한 작대기 같은 게 들어 있었다. 처음엔 드렁허리가 들어와서 질식사 했나보다 생각했지만 생긴 게 조금 이상했다. 드렁허리보다는 조금 컸고 몸을 덮은 비늘이나 갈색의 가로줄 무늬도 생소했다. 꺼내 보니 익사한 무자치였는데, 덫에는 같이 죽은 참개구리도 한 놈 있었다. 무자치와 마주친 참개구리가 물속으로 도망치다가 덫에 걸렸고, 뒤쫓던 무자치는 그것도 모르고 물속을 뒤지다가 함께 비명횡사한 것일 테다.

마을 사람들과 아침을 먹으며 연못 사건을 이야깃거리로 꺼냈더니 곁에 있던 지인이 대뜸 이렇게 말했는데, 익히 들은 이론이었다.

"거, 큰일 났네요. 뱀은 짝이 있는데, 하나가 죽임을 당하면 남은 놈이 꼭 앙갚음해요. 그러니 조심하시우!"

'아니, 지금이 어떤 시대인데 아직도 그런 속설을 믿다니! 또 이건 기껏해야 과실치사에 해당하는 거지 내 의도와는 상관없는데… 놈이 살아있었다면 그냥 방생했을 테고…'

나는 뱀이 쌍으로 다니는 걸 본 적이 없다. 또 서로 먹이 경쟁을 해야 하고 이빨의 구조상 잡은 걸 나눠 먹을 수도 없으니 사교적일 리도 만무하다. 게다가 뱀이 무슨 사유 능력이 있어서 너와 나 같은 자의식이나 '보복' 같은 추상적 개념을 떠올린단 말인가! 물론 그의 말은 웃자고 한 농담이었다. 하지만 예전에 겪은 일이 생각나 조금은 섬뜩하기도 하고 조금은 거북한 점도 있어서 이렇게 대꾸했다.

"아, 짝이 나타나면 그놈도 잡죠, 뭐!"

그날 저녁, 다시 평소대로 덫을 대여섯 개 놓았다. 이튿날 새벽, 덫을 건지다가 정말 소스라치게 놀랐다. 어제 무자치가 잡힌 바로 그 덫에 똑같은 크기의 무자치가 들어 있었다. 놈도 익사했는데, 이번에는 개구리가 없었다. 도대체… 이걸 어떻게 설명하지? 우연이라는 건 의심의 여지가 없었다. 하지만 그렇게만 치부하기에는 뭔가 꺼림칙한 게 남았다.

무자치가 논 주변에서는 거의 자취를 감췄지만, 구렁이처럼 멸종 위기인 건 아니다. 개울 상류나 산중 저수지, 유기농 단지 주변처럼 오염이 덜한 곳에는 아직 더러 남아 있다. 내 연못 둑에서도 작년까지 두어 번 봤는데, 가족과 개들이 자주 다니는 곳이지만 독이 없어 물린다고 해도 별로 위험할 게 없으니 그냥 내버려 둔다. 물길이나 연못 같은 수변 공간이 아주 많은데도 집 근처에 가장 흔한 뱀은 무자치가 아니라 누룩뱀과 살무사로, 매년 열 마리 이상은 본다.

그렇다면 옛날의 그 고갯길은 어떨까? 거긴 아직도 무자치가 많을까? 민가가 거의 없는 산골짝이라서 그럴 수도 있었다. 맑은 물이 흐르는 도랑이나 아담한 둠벙들도 흩어져 있고 … 그 고개는 고모 댁이 영주 시내로 이사한 후로는 한 번도 다시 넘지 않았고 그와 함께 내 기억 속에서도 조금씩 사라져갔는데, 새삼 다시 가봐야겠다는 생각이 들었다.

지난여름, 봉화에 볼일이 있어 근처를 지나다가 문득 옛 고개로 차를 돌렸다. 산어귀에 주차해두고 소풍 삼아 천천히 걸어서 고갯마루까지 다녀올 생각이었다. 하지만 그럴 필요가 없었다. 고갯길은 시멘트로 포장되어 자동차도 쉽게 올라갈 수 있었다.

길섶을 찬찬히 살펴보며 느릿느릿 차를 몰았다. 무자치는커녕 개구리 한 마리 없었다. 도랑 옆에 차를 세우고 물속을 뒤져봤다. 자잘한 물달팽이 빼고는 아무런 생명체도 없었고 심지어는 둑에 돋은 풀마저 제초제에 말라 죽어 있었다. 둠벙들은 매몰됐고 부들 숲은 사라졌다. 고갯마루에 가까울수록 논 자체가 없었다. 고지대는 모두 사과밭으로 바뀌었고 길은 마지막 과수원 입구에서 끝났다. 거기서 큰 개 짖는 소리가 거칠게 울려 나왔다.

'이런! 고개가 없어진 건가? …서낭당은?'

입구에 차를 세워두고 개가 짖든 말든 과수원 안으로 들어섰다. 한참을 헤맨 끝에 제일 뒤쪽 후미진 곳에서 서낭당을 찾아냈다. 하지만 고갯길은 흔적도 없었고 돌무더기마저 무너져 거의 평평했다. 바닥에 흩어진 조약돌만이 옛날에 여기에 서낭당이 있었음을 증언하는 듯했다. 이 너머는 어떻게 변했을까? 뒤덮인 덤불을 헤쳐 가며 반대편 개활지로 나왔지만 거기도 온통 사과밭으로 변했고 오솔길은 사라졌다.

아내는 서울 토박이라서 결혼 전까지는 야생 뱀을 본 적이 없다. 하지만 이상한 남편을 만나 지금은 아주 익숙해졌다. 며칠 전, 마실 갔던 아내가 돌아와서는 무슨 영웅이라도 된 것처럼 의기양양하게 말했다.

"나, 뱀 잡았다—"

"아니, 어디서? 혼자? 왜?"

아내의 설명은 이랬다. 동갑내기인 아랫집 아주머니와 마을서 올라오던 길에 보니 유 씨네 과수원 구석의 돌무더기에 뱀 한 마리가 올라와 있었다. 아주머니가 말하기를,

"뱀은 쌍으로 다니니 잡아야 해! 저놈을 살려두면 다른 놈도 올 거야!"

아주머니는 짱돌을 집어 놈에게 던졌다. 아내도 주저하지 않고 가담했다.

무자치에 대한 원죄가 생각나서 다시 물었다.

"왜 죽였어? 거긴 냇가라서 물뱀이었을 지도 모르는데… 물뱀은 해가 없는데…"

"살무사라던데? 살려두면 위험하데. 그래서 죽였지 뭐!"

산과 들이 붉게 변한 이 늦가을에 뱀이 돌무더기 위에 있었다면 겨울 굴을 찾는 놈이었을 거다. 이미 아침마다 서리가 내리고 종종 살얼음도 어는 계절이라서 움직임이 굼떠진 놈은 거의 도망가지 못하고 제자리에서 돌팔매질을 당했으리라!

십 년이면 강산도 변한다더니 사람도 그런가 보다. 처음 이 마을에 들어왔을 때는 지렁이조차 무서워하던 아내가 변해도 정말 많이 변했다.

참피리와 개피리

벌초를 성가신 일로 생각하는 사람이 많겠지만 나는 아니다. 그나마도 하지 않는다면 영영 고향을 잊어버릴 것 같은 마음에서다. 사실, 벌초 갈 즈음이 되면 며칠 전부터 맘이 설렌다. 나이와 무관하게 고향이란 그런 건가 보다. 서울서 나고 자라 '고향'이라는 단어가 불러일으키는 향수의 감정을 이해할 리 없는 아내는 툴툴거리면서도 못이기는 척 따라나선다. 그저 모처럼 바깥바람을 쐴 기회이기 때문이리라.

아내가 나들이에 더 무게를 두듯, 실은 내 관심도 다른 데 있다. 유년기 추억이 서린 죽계천의 멋진 냇둑과 여울과 바위들이 예전처럼 잘 있는지, 냇물은 푸른 하늘 아래 변함없이 재잘재잘 흘러가는지, 물고기와 잠자리는 여전히 떼지어 오가는지를 확인하는 일이다.

소수서원부터는 솔숲, 길모퉁이, 산기슭, 다랑논 하나하나가 눈에 익숙하다. 작은 고개를 넘어서면 지나간 세월 동안 거의 변한 게 없는 단산면 옥대리 마을이 나온다. 복판의 철물점으로 가서 낫 하나를 사고 습관대로 건너편 약국을 들여다본다. 유리창에 낯익은 얼굴이 어른거린다. 주인장은 오십 년 전부터 저 자리에 저렇게 앉아서 손님을 맞았다. 검은 머리는 파 뿌리가 됐지만.

　죽계천 방향으로 들어선다. 선산은 십리 아래 있다. 너른 들판을 구불구불 가르는 냇둑과 산기슭에 흩어진 시골 동네들, 백미러에 비치는 소백산맥의 장대한 검푸른 윤곽이 옛 모습 그대로다. 먼짓길이 아스팔트로 포장되고 산마다 수풀이 울창해졌다는 게 예전과 다른 모습일까? 유년 시절에는 길 근처에 사과밭이 많았는데, 지금은 포도밭으로 바뀌었다. 밭 경계마다 자그마한 원두막들이 갓 딴 포도 상자를 잔뜩 쌓아놓고 지나가는 자동차를 붙든다.

　이미 많은 벌초꾼이 다녀갔는지 어머니 산소까지 길이 훤하게 뚫렸다. 예전에는 산소 앞에 서면 남쪽으로 저 멀리 가물가물 흘러가는 죽계천과 주변 들판이 한눈에 들어왔다. 하지만 지금은 나무가 우거져서 머리 위의 하늘 한두 점과 숲속 몇 발자국 앞밖에 볼 수 없다.

　닫힌 공간에서 한시라도 빨리 벗어날 겸, 땀에 젖은 몸도 씻고 고향 정취도 만끽할 겸, 서둘러 산에서 내려와 옛 징검다리 터에 닿았다. 지난날, 고향 사람들은 뒷산 기슭의 오솔길을 걸어 저편 냇둑까지 와서는 징검다리를 건너 이곳을 지나 면으로 장을 보러 갔다. 하지만 자동차 보급과 함께 몇 킬로 아래에 콘크리트 다리가 생긴 뒤로는 누구도 이곳을 지나지 않는다.

이곳은 벌초 때마다 꼭 들르는 장소다. 땀도 식히고 심심풀이 삼아 족대로 냇물 여기저기를 뒤져보면서 햇살이 약해질 때까지 냇둑에서 빈둥댄다. 하지만 오늘은 특별한 계획이 있는데 덫, 뜰채, 족대 등을 총동원해서 물고기 통계를 내보는 거다. 사실 죽계천 생태계가 내 청소년 시절과 어떻게 달려졌는지 늘 궁금했지만, 아직 체계적인 조사는 해 보지 못했다.

잔잔한 곳에 덫 몇 개를 놓고 순진한 놈들이 걸려들기를 기다리는 동안 족대를 들고 여울을 오르내린다. 힘에 부치면 호박돌들을 들춰보고 뜰채로 버들 뿌리를 뒤지다가 체력이 회복되면 다시 물살 센 여울로 참피리와 개피리를 찾아 나선다.

참피리와 개피리? 고향에선 암컷 피라미를 참피리, 갈겨니를 개피리라고 부른다. '참'피리란 진짜 피라미라는 뜻이고 '개'피리란 가짜 피라미라는 뜻이다. 이렇듯, 피라미를 참피리로, 갈겨니를 개피리로 부르게 된 이유는 여기선 피라미가 갈겨니보다 훨씬 귀했기 때문이다.

참피리와 개피리는 크기나 생김새는 비슷하지만 눈과 색깔이 전혀 다르다. 개피리는 참피리에 비해 눈이 커서 수면 가까이 날아다니는 작은 벌레를 점프로 잡아먹는 데 아주 능숙하다. 참피리는 곤충보다는 해캄 같은 물풀을 더 많이 먹는다. 그래서 눈이 클 필요가 없다. 주된 먹이가 수초다 보니 참피리는 이급수 정도 되는 하천 중류에 흔하다. 개피리는 수면 위의 날벌레를 식별해야 하므로 일급수 정도의 맑은 물에서만 살 수 있다. 이 냇물이 바로 그랬다. 멱을 감다가

목이 타면 그냥 벌컥벌컥 마셨을 정도니까.

색깔은 참피리보다 개피리가 훨씬 예쁘다. 개피리의 금속광택이 나는 두꺼운 회청색 가로줄과 선명한 주홍색 배는 어떤 물고기에도 뒤지지 않을 만큼 영롱하다. 그래서 나는 갈겨니를 '개'피리로 부르는 것이 못마땅했었다. 참피리는 온몸이 그저 하얄 뿐이어서 별다른 매력이 없다. 물론 참피리의 수컷, 그러니까 '불거지'는 이야기가 다르다. 특히 번식기인 여름철 몸빛은 화려함을 넘어 휘황찬란하다고까지 말해야 할 정도인데, 온몸에 파란색 세로줄 무늬가 등에서 배

까지 무지개처럼 펼쳐지며 아래턱에는 굵은 검은 반점(추성)이 여기저기 생긴다. 그래서 고향 사람들은 수컷 피라미를 '먹주'라고 부르며, 참피리보다도 훨씬 귀하게 여겼다. 참피리와 먹주는 사실 같은 종인데도 전혀 다른 물고기로 생각됐다.

어떻든, 참피리보다 개피리가 더 깨끗한 곳에 산다는 게 중요한 사실이다. 고향에서 참피리는 장마로 물이 불어 하류 쪽 물고기가 대거 상류로 올라오는 계절에야 많이 볼 수 있었다. 좋은 대접을 받으려면 무엇보다도 귀해야 하는 법! 고향 사람들은 맑은 물가에 사는 탓에 갈겨니를 홀대했고 암피라미를 우대했다.

수십 년이 지난 지금, 냇물엔 아직도 개피리가 참피리보다 많을까? 만약 그렇다면 수질이 옛날만큼 좋다는 뜻이다. 참피리든 개피리든 워낙 빠른 놈들이어서 통계를 내려면 넘어지고 구르고 돌부리에 채는 것쯤은 각오해야 한다. 놈들의 공통점은 아주 다급하기 전에는 풀숲이나 돌멩이 밑에 숨지 않고 계류를 따라 정신없이 쏘다닌다는 거다. 그러니 놈들을 잡으려면 내가 더 날쌔야만 한다.

두어 시간 뒹군 결실과 덫에 들어온 놈들을 합쳐서 숫자를 세본다. 이런, 참피리가 개피리보다 많다! 이젠 이 냇물도 일급수가 아니라는 뜻이다. 상류 쪽에 축사가 많이 생겼고 과수원과 논밭에 지나치게 많은 비료가 뿌려지고 있다는 건데, 여기에 확실한 증거가 있다. 예전엔 물살이 센 곳이든 약한 곳이든 돌멩이 표면은 벨벳처럼 부드러운 물이끼로 뒤덮였고 그래서 여름철엔 은어가 많았다. 하지만 지금은 약간이라도 후미진 곳이면 돌이든 나뭇가지든 해캄 덩어리가 켜켜이 엉겨 붙어 마치 헝클어진 머리를 물에 감고 있는 듯하다. 부영양화가 심하다는 징표인데, 죽계천 꼭대기마저 이 정도라면 저 아래, 낙동강 본류는 어떤 지경일까?

피라들 통계는 냈지만 아직 해가 있으니 다른 물고기도 조사해 봐야겠다. 예전처럼 미꾸리, 미꾸라지, 왜마자, 기름종개, 동사리, 버들치는 흔히 보이고 종종 퉁가리와 붕어도 잡힌다. 하지만 어떤 이유에서인지 그 많던 밀어와 모래무지는 완전히 사라졌다. 사실 청소년기까지는 뱀장어와 칠성장어도 아주 풍성했다. 하지만 강어귀둑이 생긴 이후로 은어를 포함해 바다를 오가는 물고기는 자취를 감췄다. 어른들 말로는 예전엔 잉어와 메기도 나왔었다고 한다. 하지만 난 한 번도 본 적이 없다. 대신 가물치를 잡은 적은 있는데, 그것도 아주 오래전의 일이다.

해는 지고 서늘한 바람이 무성한 갈대밭을 뒤흔든다. 사실 저 풍경도 새로 생긴 거다. 예전엔 냇둑에 소를 데려와 풀을 뜯겼다. 소는 바랭이나 강아지풀, 갈대같이 냇가에 흔한 볏과 식물을 아주 좋아해서 풀들이 저렇게 크게 자랄 수가 없었다. 냇둑은 항상 잔디밭 같았고 그래서 맨발로 다녀도 괜찮았다. 하지만 소들이 축사에 갇히고 꼴이 공장 사료로 대체되면서 소든 사람이든 아무도 풀을 뜯거나 베지 않게 되자 냇가도 정글이 되고 말았다.

이젠 슬슬 오한이 느껴진다. 얼른 옷을 갈아입고 몸을 말려야겠다. 신발 벗어 둔 곳으로 돌아와 징검다리와 그 건너에 있던 오솔길을 어림잡아본다. 징검다리는 흔적도 없어졌고 오솔길 자리는 울창한 갈대숲으로 바뀌었다. 등굣길, 장보기 길, 우편 배달길, 나들잇길이 저기로 지나갔다고 하면 요새 사람 중 믿을 이가 누구랴!

내년 추석을 기약하고 시동을 건다. 참피리가 너무 많아졌다는 사실에 마음이 편치 않다. 본래 참피리란 귀하다는 뜻이고 개피리는 흔하다는 뜻이니 이젠 내가 바랐던 데로 갈겨니를 참피리, 피라미를 개피리라고 불러도 될 것 같다는 웃픈 생각이 든다.

참나무꽃과 소나무꽃

계절이 오고 감을 알려주는 지표는 뭘까? 이를테면, 봄은 언제 시작해서 언제 끝나는 걸까?

봄은 3월 1일에 시작해서 5월 31일에 끝난다고 생각하는 사람도 많을 거다. 하지만 그런 사람은 보고 듣고 냄새를 맡아봄으로써, 즉 야외에서 몸으로 직접 겪어 봄으로써 실제의 봄을 체험하는 게 아니라, 달력에 적힌 숫자를 읽음으로써, 그러니까 문서에 기록된 추상적 기호를 지식을 통해 해석함으로써 이론적인 봄을 추론하는 것일 뿐이다. 진짜 봄은 결코 시계가 삼일절 0시 정각을 가리킬 때부터 시작되는 게 아니다. 가령 올 삼월에는 초순까지도 함박눈이 내렸었고 몇 년 전에는 사월까지 그랬었다.

진짜 봄이 시작되는 날, 다시 말해 자신도 모르게 '이제 정말 봄

　이구나!'라고 중얼거리게 되는 날은 사람마다 다를 수 있다. 어떤 도시 직장인에게 그날은 불현듯 방한 외투가 덥고 거추장스럽게 느껴지는 날일 거고, 어떤 시골 아낙네에게는 밭둑마다 은빛 쑥이 점점이 새싹을 내민 날일 거다.

　　내게 봄은 '봄맞이꽃'인 닭장 뒤편의 영춘화가 첫 꽃을 피우는 날부터 시작된다. 그리고 바람에 떨어진 아까시 낙화들이 냇물에 둥둥 실려 가는 날에 끝난다.
　　지난 3월 13일 오후, 아침부터 벌어지기 시작한 영춘화 몇 송이가 한낮의 따스한 햇볕 속에 활짝 피었다. 그러므로 올해 우리 집의 봄은 삼월 중순에 시작된 셈이다. 영춘화 첫 꽃이 피고 마지막 아까시 꽃이 질 때까지는 대략 두 달 반이 걸린다. 그리고 그 기간, 산과 들의 수많은 나무가 자신의 시간표에 따라 순서대로 꽃을 피운다.

이렇듯, 봄은 꽃의 계절이다. 아마도 종자식물의 절반 이상이 봄에 꽃을 피울 거다. 봄꽃은 우리 집 뜰에 피는 것만 해도 복수초, 영춘화, 산수유, 동강할미꽃, 매화, 돌단풍, 벚꽃, 수선화, 목련, 진달래, 철쭉, 복숭아, 명자, 모란, 민들레, 제비꽃, 붓꽃, 초롱꽃, 찔레, 장미, 조팝나무 등등 셀 수 없이 많다. 여름꽃은? 원추리, 연꽃, 도라지, 더덕, 엉겅퀴, 부처꽃, 달맞이꽃, 무궁화 정도일까? 가을꽃은 들국화, 층꽃, 용담, 꽃무릇, 꽃향유 정도가 있다. 겨울꽃은? 남부지방이라면 동백꽃이라도 있겠지만 중부 내륙지방인 우리 집에는 아무것도 없다.

봄의 산야를 수놓는 많고 많은 꽃 중에서 봄을 대표하는 걸 꼽는다면 무얼까? 아마도 많은 사람이 개나리, 진달래, 벚꽃, 목련 등을 떠올릴 거며 나 또한 그렇다. 이들 꽃이 빠진 봄은 생각조차 할 수 없다. 하지만 '꽃은 예쁜 것'이라는 통념에서 벗어난다면 진정으로 봄을 대표하는 꽃은 단연코 참나무꽃과 소나무꽃이다. 왜냐하면 이 꽃들은 삼천리강산을 뒤덮을 정도로 엄청나게 많이 피기 때문이다.

참나무꽃은 사월 중순이 절정기지만 워낙 수수하고 색깔도 연두색이라서 꽃이 만발한 게 아니라 나무 전체에 새잎이 돋아나는 것처럼 보인다. 물론 대부분의 참나무는 산벚꽃처럼 잎과 꽃이삭이 함께 나오기는 한다. 하지만 꽃이삭이 잎보다 더 빨리 자라기 때문에 꽃이 만발할 즈음까지도 잎은 기껏해야 손가락 크기밖에 되지 않는다. 꽃이 연두색으로 보이는 건 꽃가루 때문인데, 풍매화라서 조금만 바람이 불어도 엄청난 양의 꽃가루가 연두색 안개처럼 흩날린다.

우리 눈에 보이는 참나무꽃은 모두 이삭에 달린 수꽃술이다. 암꽃도 피지만 꽃잎은 없고 꽃가루받이를 위한 끈적끈적한 암술만 있을 뿐이며 크기도 눈곱만하다.

참나무꽃이 떨어져 숲 바닥에 쌓일 무렵이면 소나무꽃이 피기 시작한다. 소나무꽃은 오월 중순이 절정기인데, 이 역시 풍매화라서 모양이 소박하고 꿀도 없다. 그 대신 소나무도 엄청나게 많은 꽃가루를 만든다. 소나무꽃이 만발하는 계절에는 지붕이든 마루든 땅바닥이든 돌 틈이든 전국이 온통 송홧가루를 뒤집어쓴다. 송홧가루는 아주 가벼워서 도심까지도 날아드는데, 주차된 자동차 유리에 노란 먼지같이 얇게 쌓인 모습이나 특히 봄비가 내리면 잠시 고인 웅덩이 주변에 노란 페인트처럼 켜켜이 쌓이는 걸 흔히 볼 수 있다.

소나무꽃에도 암꽃과 수꽃이 있다. 대체로 자주색인 암꽃은 소나무 새순의 끝에 무리 지어 달리며 노란 밥풀 같은 수꽃은 새순 아래쪽에 송골송골 맺힌다.

참나무꽃과 소나무꽃은 이렇게나 흔한 봄꽃이지만 많은 사람이 자신은 한 번도 본 적이 없다고 생각하고 있다. 어쩌면 그런 나무에도 꽃이 피느냐고 되물을 사람이 더 많을지도 모르겠다.

하지만 꽃에 대해서는 모르더라도 도토리와 솔방울은 잘 알고 있을 것이며 또 많이 보았을 거다. 도토리는 참나무 암꽃에 맺힌 참나무 열매이고 솔방울은 소나무 암꽃에 송홧가루가 수정되어 맺힌 소나무 열매이다. 참나무꽃과 소나무꽃은 우리의 풍속과도 인연이 깊다. 도토리묵과 송화떡이 바로 그런 예인데, 송화떡은 소나무 꽃가루와 꿀로 빚은 떡이다.

참나무와 소나무는 아마도 우리나라에 자생하는 전체 나무의 9할은 차지할 거다. 그런데도 많은 사람이 참나무꽃과 소나무꽃을 모르게 된 것은 우리나라를 대표하는 이 두 나무가 도시화와 더불어 정원수나 가로수로서 다른 나무들에 밀려났기 때문일 것이다.

할미꽃

할미꽃은 극단적인 대립을 환상적인 조화로 승화시키는 두 얼굴의 꽃이다. 수수하지만 화려하고, 수줍어하지만 열정적이고, 노년이지만 청년이고, 약하지만 강인하다. 겉모습은 거무칙칙한 털북숭이로 소박하지만, 작은 종처럼 오므린 안쪽에 벨벳보다 부드럽고 흑장미보다 검붉은 여섯 장의 꽃잎을 숨기고 있다. 돌출한 자줏빛 암술 뭉치와 황금보다도 찬란한 노란 수술 다발의 강렬한 대비는 보는 이의 숨을 멎게 한다.

할미꽃은 피어날수록 등이 굽어 땅을 향한다. 그래서 타오르는 자줏빛의 앳된 얼굴을 보려면 눈높이가 맞도록 바닥에 납죽 엎드려야 한다. 작은 충격에도 꽃대가 부러질 만큼 연약하지만, 볕만 잘 든다면 다른 식물이 꺼리는 척박한 모래땅에서도 잘 견딘다.

* * *

봄맞이 행사의 하나로 빼먹지 않는 게 있는데, 바로 할미꽃을 찾아 나서는 일이다. 하지만 이런저런 일에 치여 계절을 그냥 보낼 경우도 있었다. 그런 해에는 모처럼의 봄을 허비했다는 생각에 가는 봄이 못내 아쉬웠고, 종종 봄을 빼앗겼다는 박탈감마저 들었다. 물론 가까운 식물원이나 공원 꽃밭에 가면 쉽게 할미꽃을 볼 수 있었다. 그러나 인공 환경에서 재배된 할미꽃은 볼품이 없다. 거친 야생에서 모진 풍파를 이겨내고 스스로 자란 할미꽃만이 고유의 아름다움을 제대로 발산한다.

사월 초가 되면 어린 딸들을 데리고 근처 산이나 시골에 가서 쑥도 뜯고 할미꽃도 찾아다니며 하루를 보냈다. 하지만 안타깝게도 야생 할미꽃은 점점 보기 어려워졌다. 가까운 데서 찾을 수 없을 때는 비장의 장소로 갔다. 설악산 오색지구 어느 호텔의 길 건너에 있는 오래된 무덤인데, 거기에는 가장자리뿐만 아니라 봉분에도 할미꽃 군락이 있었다. 우리 가족은 이삼일 묶으면서 약수터나 주전골을 오갈 때마다 그 무덤과 주변 솔숲에 들렀다.

지금껏 보아온 할미꽃 중 으뜸은 어린 시절 고향마을 어귀의 넓은 산소에서 피던 것들이다. 남쪽으로 완만하게 경사진 긴 밭 끄트머리에 있던 그 산소는 주변에 조팝나무 같은 관목밖에 없어서 볕이 잘 들었다. 그곳 할미꽃들은 키가 유난히 커서 꽃이 필 무렵에는 할미꽃으로 울타리를 친 원형극장 같았다. 나와 친구들은 마을에서 가장 포근한 그곳에서 미끄럼도 타고 닭싸움도 하면서 할미꽃의 강렬한 색깔에 매혹되어 꽃송이를 젖혀도 보고 돌아올 때는 한 줌씩 꺾어오기도 했다.

딸들이 고등학교에 다닐 무렵부터는 설악산은 물론이고 근교조차 나가기 어려웠다. 하지만 둘째까지 대학생이 되고 난 뒤부터는 다시 여유가 생겼다. 다만 나와 아내는 산골동네로 귀촌하기로 했기 때문에 이제 할미꽃을 찾아 멀리까지 나갈 필요는 없었다.

땅을 구하자마자 산과 들 곳곳을 쏘다니며 생태조사를 벌였다. 그런데 놀랍게도, 할미꽃은 우리 동네의 그 많은 풀밭과 무덤 중에서 오직 북산 기슭 과수원 뒤의 오래된 산소에만 남아 있었다. 그나마도 몇 해 전, 묘를 이장하고 과수원을 넓히면서 산소의 절반 이상이 사라지게 되어 지금은 뒤쪽 가장자리에 여남은 포기가 생존해 있을 뿐인데, 누군가 그 마지막 할미꽃마저 해마다 한두 포기씩 캐가고 있고 영역이 조금씩 참나무, 억새, 고사리에 잠식되는 중이어서 앞으로 몇 년이나 더 버틸지 의문이다. 가장 우려되는 건 제초제인데, 과수원 주인이 한 번이라도 치게 되면 그걸로 끝이다.

사라져가는 할미꽃을 보면서 뜰에서나마 키워보려고 꽃집에서 네댓 포기를 구입해 홍련못의 양지바른 둑에 심었다. 할미꽃은 세력을 넓혀가며 몇 년 동안은 잘 자랐다. 하지만 자생 환경이 아니어서 그랬는지 꽃은 피었어도 별다른 감흥을 주지 못했다. 주변 식생과 어울리지 않아 뭔가 생뚱맞은 느낌이었다. 그나마도 앞뒤의 향나무와 단풍나무가 크게 자라 일년내내 그늘을 드리우게 되고 키다리 붓꽃과의 생존경쟁에서도 밀려나면서 어느샌가 사라져버렸다.

할미꽃을 유달리 좋아하는 사람이 나만은 아닌 것 같다. 내 또래거나 연상 가운데 시골에서 자란 사람은 대체로 그런 듯하다. 별다른 놀이터나 즐길 거리가 없던 시절, 따스한 봄날 무덤가에서 할미꽃을 꺾으며 놀았던 나와 비슷한 추억 때문이리라. 그래서인지 할미꽃 모종을 사 왔을 때 동네 사람들이 서로 달라고 해서 수십 포기를 더 구해 나눠준 적이 있다. 화단에 심어 가꾸면서 지난날에 대한 그리움을 달래보려는 거였을 텐데, 몇 포기나 살아남아 옛 봄을 되돌려 주고 있는지는 알지 못한다.

북산 기슭의 우리 동네 마지막 생존자들은 지금 어떤 모습일까? 지난 이월 말에 가봤을 때는 뽀얀 솜털에 보호된 손톱 크기의 꽃봉오

리들이 기온이 더 오를 날들을 기다리며 묵은 잎 다발 속에 옹기종기 웅크리고 있었는데, 마치 출발선의 운동선수들이 잔뜩 긴장한 채 출발 신호만 기다리고 있는 것 같았다. 예년보다 시기가 많이 이르기는 한데, 가본 지 벌써 이십 일이나 지났으니 지금쯤 꽃이 피기 시작했을 거다.

역시나! 따사로운 햇볕 속에 할미꽃들은 야생의 멋을 한껏 내뿜고 있다. 빠른 것은 이미 등을 굽히기 시작했고 늦은 것은 아직 꽃잎을 오므리고 있다. 절정의 아름다움을 뽐내는 건 이제 막 벌어지고 있는 이 꽃들인데, 처음 보는 사람이라면 누구나 심쿵할 거다.

이 녀석들과 내 고향 초입의 옛 할미꽃 중에 어떤 게 더 예쁠까? 냉정하게 판단한다면 우열을 가릴 수 없을 거다. 하지만 구태여 하나를 고르라면 고향 할미꽃 손을 들어주고 싶다. 추억과 향수에서 비롯된 편애이기는 하지만. 그런데 … 아직 거기에 할미꽃이 있기는 한 걸까? 우리 동네가 그런 것처럼, 묘가 이장되거나 주인이 잔디용 제초제를 치지는 않았을까?

마침 휴일이기도 해서 오랜만에 고향으로 차를 몬다. 그러고 보니 이 계절에는 고향에 가본 적이 거의 없다. 여기저기 둘러볼 곳이 많지만 우선 그 산소부터 확인해 보기로 한다.

이런! 산소는 옛날 그대로지만 할미꽃은 사라졌다. 오랫동안 산소를 방치했는지 잔디도 없어지고 억새가 빽빽이 자랐다. 억새 사이의 공간에는 이끼와 무릇이 번성했는데, 억새 때문에 볕이 안 들어 땅이 습해졌다는 뜻이다. 이런 조건이라면 유달리 햇볕을 좋아하는 할미꽃이 살아남을 수 없다.

　문득 오색지구의 그 할미꽃은 어찌 됐는지 궁금해진다. 그냥 집으로 돌아가자는 아내를 설득해 설악산으로 차를 돌린다. 아이들이 고등학생이 된 이후로는 이 계절에 설악산을 가본 적이 거의 없는데, 이른 봄의 설악산 풍경은 어떻게 변했을까?

　한계령에는 아직도 눈이 안 녹았고 음습한 골짜기에는 거의 일 미터 두께로 쌓여 있다. 고개를 내려가 그 산소 옆에 차를 댄다. 도로 확장공사를 하는지 주변에 온통 붉은 깃발이 꽂혀있고 거푸집, 철근 같은 건축자재가 여기저기 널려 있다.

　다행히 할미꽃은 제자리에 있다. 모두 삼십 포기쯤 된다. 숫자는 예전과 비슷하지만 세력은 많이 약해져서 꽃봉오리가 평균 두어 개에 불과하다. 예전에는 예닐곱은 됐었다. 할미꽃은 살아남았지만 초세가 위축된 건 무슨 까닭일까? 뒤쪽 소나무가 크게 자라면서 그늘을 드리우게 됐거나 주변의 공사로 사람들이 하도 밟아 으깨졌기 때문일 수도 있다.

　집으로 돌아와 우리 동네 할미꽃 군락을 다시 찾아가 본다. 설악산 것보다는 훨씬 건강하며 꽃도 비교할 수 없을 만큼 크고 화려하다. 게다가 주변에는 초록색 이파리를 한껏 펼친 양지꽃들이 반짝이는 노란 별들로 수까지 놓았다. 이 군락도 앞길이 험난하지만 별 탈 없이 잘 버텨줬으면 하는 바람으로 사진 몇 컷을 휴대폰에 담고 집으로 걸음을 옮긴다.

날다람쥐

능이는커녕 그 흔한 밀버섯조차 하나 없다. 해마다 재확인하지만, 우리 동네 산은 버섯에 관한 한 황무지나 다름없다. 에휴… 버섯이고 뭐고, 다리도 아프고 배도 고프니 근처 어디서 간식이나 먹어야겠다.

그런데, 저 앞에 돋은 희끄무레한 게 뭐지? … 아직도 싸리버섯이 나나? 저거라도 몇 개 따갈까?

'그럼 그렇지, 싸리버섯일 리가 없지!'

여기저기에 아기 손가락 같은 수정란풀 무리가 저마다 손톱만 한 하얀 꽃을 하나씩 들어 올렸다. 마치 촘촘히 꼽힌 작은 깃발 뭉치들을 보는 듯하다. 세상에 꽃도 희고 줄기도 희고 잎마저 흰 식물이 있다면 직접 보지 않고서는 누가 믿으랴! 엽록소 하나 없는 풀이 어떻게 이리 번성할 수 있는지 그저 신기할 따름이다.

수정란풀 사이에는 도토리들이 올망졸망 모여 땅을 향해 힘차게 뿌리를 뻗고 있다. 간밤에 내린 비가 아직도 마르지 않아 뿌리 끝

마다 물방울이 총총 맺혔다. 내년 봄엔 첫 잎을 내밀고 하늘을 향해 본격적인 키 재기 시합을 벌일 텐데, 그래봤자 주변엔 이미 큰 나무가 빽빽해 한 개나 살아남을 수 있을지 가련하기 그지없다.

갑자기 뒤쪽에서 시커먼 물체가 날아와 앞에 선 참나무 중간에 내려앉는다. 말똥가리인가? 그런데, … 가지에 앉은 게 아니라 줄기에 네 발로 붙어 있다. 귀도 있고!

'이런, 날다람쥐네!'

얼른 휴대폰을 꺼낸다. 언제 다시 날아갈지 모르니 사진부터 찍자!

내가 움직이자 놈이 나무 뒤로 숨는다. 아직 도망치지 않고 그 자리에 꼼짝하지 않고 붙어 있다.

쉿! 조용히 일어나 몸을 숙이고 살금살금 옆으로 자리를 옮긴다. 놈의 머리와 사지, 그리고 긴 꼬리가 또렷이 보인다. 색깔이나 생김새가 청설모 비슷하다. 하지만 훨씬 크고 통통하며 귀털이 짧다. 꼬리도 청설모보다 더 굵고 튼튼하며, 복슬복슬하다기보다는 오리주둥이처럼 납작하다. 다시 휴대폰을 들지만 역광인데다가 거리가 멀어 초점이 맞춰지지 않는다… 에라 모르겠다, 일단 찍고 보자!

아무래도 좋은 사진을 얻으려면 조금 더 다가가야겠다. 다시 앉은걸음으로 놈이 붙은 참나무에 야금야금 접근한다. 놈이 다시 나무를 타고 옆으로 돈다. 나무 바로 아래까지 왔다. 살살 고개를 들어보니… 놈은 내 머리 위 5미터 지점에 있다. 네 발로 줄기를 움켜쥐고 사방을 두리번거리다가 아래를 내려다보더니 다시 나무 뒤로 숨는다. 나도 따라 돈다. 놈은 못 보던 스토커에 짜증이 났는지 옆 나무로 뛴 다음, 이내 짙은 수관 사이로 유령처럼 사라진다.

"버섯 많이 땄어?"
걱정스러운 표정으로 아내가 묻는다.
"아니, 없어!"
갑자기 아내 얼굴이 환하게 바뀐다.
"거 봐! 내가 뭐랬어. 옷만 버릴 거라고 했잖아!"
아내에게 야생버섯은 짜증나는 일거리일 뿐이다.
"하지만 오늘 횡재했지!"
"뭔데? 산삼이라도 캤어? 어디 봐!"
"그것보다 더 귀한 거! 여기 날다람쥐!"
"어머, 정말이네! 그런데, 사진이 흐릿해서 잘 모르겠네. 얼핏 보면 꼭 족제비 같은데?"
듣고 보니 사진 속의 날다람쥐는 형체는 뚜렷하지만 이목구비나 비막 등 미세한 부분이 불분명해 정말 족제비처럼 보이기도 한다.

면에 있는 마트에서 물건을 사는데 누가 어깨를 툭툭 친다. 돌아보니 토박이 이 씨다. 주차장에 나와서 어제 겪은 일을 자랑삼아 늘어놓았다. 하지만 놀라기는커녕 오히려 내가 놀랄 대답을 한다.
"그거 연풍에 아주 많아유! 특히 문경새재에."
반가운 마음에 얼른 물어본다.
"그래요? 직접 봤어요?"
"아니유. 하지만 말은 많이 들었슈, 버섯꾼들에게서."

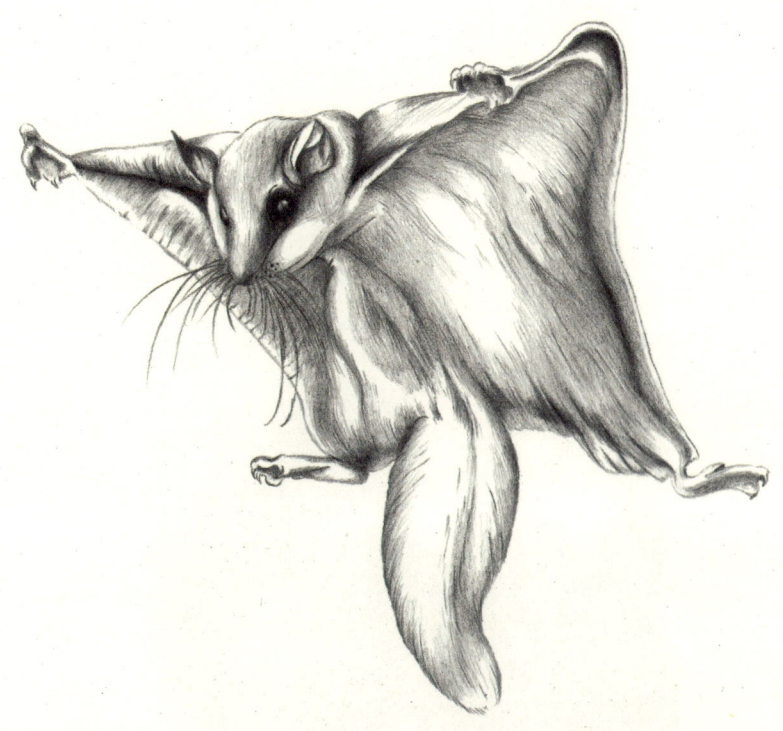

동네로 돌아와 토박이들에게 날다람쥐에 대해 아는지 물었다. 얼마 전 귀향한 아랫집 김 씨의 증언이 제일 확실하다.

"그거, 우리 동네 산에 있어!"

"직접 봤어요?"

"그럼! 내가 어릴 때 저 아래에 재주 많은 사냥꾼이 살았는데 어느 날 날다람쥐를 산 채로 잡아와 한동안 새장에서 길렀지. 그때 실컷 봤지."

"날다람쥐는 하늘다람쥐보다 훨씬 커요. 하늘다람쥐가 계란 크기라면 날다람쥐는 팔뚝만 해요."

"그럼! 청설모보다도 크지!"

언젠가 설악산 백담계곡에서 땅거미가 진 후에 하늘다람쥐를 본 적이 있는데, 다람쥐보다 훨씬 작았다. 하늘다람쥐가 달걀만 하고, 다람쥐가 주먹만 하고, 청솔모가 손바닥만 하다면, 내가 본 날다람쥐는 몸길이가 팔뚝만 하다.

"산에서 본 적도 있어요?"

"아니, 못 봤는데."

옆에 있던 사람들도 모두 산에서 보지는 못했다고 한다. 김 씨에게 사진을 보여주며 어린 시절에 본 게 이게 맞냐고 물었다.

"응. 이거 맞아!"

하지만 … 수십 년 전에 우리 동네에 있었다고 해서 지금도 있으리라는 보장은 없다. 또 그게 정말 날다람쥐였다는 물증도 남은 게 없고… 아무래도 증거가 더 필요하다.

아침 해가 동산에 걸렸다. 아랫집 과수원이 떠들썩해서 내려가 보니 동네 지인들이 산에 가려는지 저마다 곁에 배낭과 지팡이를 내려놓고 수다를 떤다. 나를 보더니, 버섯 따러 같이 가자고 한다.

"얼마 전에 올라갔었는데, 하나도 없던데요."

"어디로 가셨는데?"

"귀신터골로요."

"그러면 오늘은 사시나무골로 가보지 뭐!"

조금 망설인 끝에, 합류하기로 한다.
"지난번에 날다람쥐 본 곳에 들렀다가 곧바로 그리로 갈께요."
"꽤 먼 거린데… 게다가 산도 험하고!"
일행 중 재 너머 밤골에 사는 토박이가 날다람쥐라는 말에 귀가 번쩍 뜨였는지 대뜸 이렇게 말한다.
"날다람쥐요? 그거 보려면 우리 동네로 와요. 엄청나게 많아요. 괜한 고생 말고."
밤골은 다음에 가보기로 하고 혼자 귀신터골로 들어선다. 산 중턱에 이르니 어디선가 나무 갉는 듯한 희미한 소리가 들려온다. 호기심에 근원을 찾아 나선다. 저기, 으슥한 곳의 죽은 참나무 아래 톱밥 같은 게 수북이 쌓여 있다. 다가가서 자세히 살펴보니, 갓 깎아낸 뽀얀 나뭇조각이다. 근처 나뭇가지에서 뭔가 움직이는 듯하다. 날다람쥐? 설마… 귀신?!
머리를 들어보니, 6, 7미터 높이에 방금 뚫은 구멍이 보인다. 지름이 10센티쯤이다. 저게 뭐지? 딱따구리 둥지? …그건 아닐 거다. 바닥에 떨어진 나뭇조각이 마치 대팻밥 부스러기 같은 걸 보면 새가 부리로 쪼아 낸 게 아니라 설치류 따위가 갉아낸 거다. 게다가 딱따구리가 둥지로 판 거라면 나무의 지름으로 보아 너무 비좁다. 번식기도 아니고… 날다람쥐 굴? 글쎄… 놈들도 새끼를 치기에는 너무 늦지 않았을까? 겨울 은신처? 하지만 나무가 약해 바람에 심하게 흔들릴 뿐만 아니라 내부가 몹시 추울 것 같다.
모든 걸 의문에 남긴 채 산허리를 가로질러 사시나무골로 향한다. 아무래도 조만간 밤골 뒷산을 샅샅이 조사해 봐야겠다.

* * *

　백과사전이나 동물도감을 아무리 뒤져봐도 우리나라에 날다람쥐가 서식한다는 말은 없다. 어떤 글에는 우리나라엔 날다람쥐가 없으며 일본 혼슈, 큐슈, 시고쿠 지방과 중국 광둥성에는 있다고 한다. 하지만 그건 틀린 말이다. 우리나라에도 날다람쥐가 산다. 그 증거로, 여기에 무려 여섯 장의 현장 사진이 있다.

　우리나라 날다람쥐는 일본 것Japanese giant flying squirrel과 근연종일 거다. 일본에서 날다람쥐는 비교적 흔한 편인데, 큰 것은 몸길이와 꼬리길이가 각각 50센티미터, 체중은 1.5킬로그램 정도 나간다고 한다. 또한 주로 야행성이며 가을에 한 번, 한두 마리의 새끼를 굴에서 기른다고 한다. 그렇다면 내가 본 그 구멍도 날다람쥐가 새끼를 낳으러 판 게 아닐까?

해안사구

1

쿠시로습원을 지난 지 두 시간쯤 됐을까? 앞쪽 차창에 비치는 나뭇가지들 사이로 간간이 바다가 보이기 시작한다. 말로만 듣던 오호츠크해다.

기차가 시레토코샤리에 닿는다. 여기서부터 종착역인 아바시리까지는 줄곧 오호츠크해를 오른편에 두고 달린다. 해변에서 부서지는 파도가 손에 잡힐 듯하다.

풍경은 아름다우면서도 단조롭다. 위는 푸른 하늘, 가운데는 푸른 바다, 아래는 갈색 해변이 전부다. 바람을 타고 나는 갈매기들만이 무심히 창공을 오르내릴 뿐, 거의 모든 구간에 인적이 없다. 이따금 나타나는 외딴집에는 주차된 자동차만 보이고, 오늘따라 바람이 심해서인지 바다마저 텅 비어 작은 어선 하나 없다.

차내 방송이 다음 역은 겐세이카엔原生花園이라고 알린다. 야생화가 얼마나 많으면 그런 이름이 붙었을까? 문득 호기심이 일어 주섬주섬 짐을 챙겨 자리에서 빠져나온다. 원래는 이십 킬로를 더 가서 이바시리에서 내린 다음 주변 바다로 가 볼 생각이었지만 아무래도 여기가 바다에 훨씬 가깝고 더 한적할 것 같다. 어차피 이바시리에서는 특별한 볼일도 없고, 오늘 안으로 쿠시로로 되돌아가면 그만이니 어디서 내린들 무슨 상관이랴!

무인역이라서 그런지 인기척이 없다. 내린 승객도 나뿐이다. 아직 시즌이 아닌가 보다. 지도를 보니 아까 지나온 시레토코샤리까지도 이십 킬로쯤 된다. 아직 오전이고 막차는 저녁 무렵에나 있으니 해변을 걸으며 쉬엄쉬엄 시레토코샤리까지 가도 되겠다.

지형을 살피려 제일 높은 사구에 올라선다. 밟히는 모래가 곱디곱다. 저 앞에, '원생화원'이라는 팻말이 보인다. 하지만 꽃은커녕 사구를 뒤덮은 식물은 아직 생기가 없다.

여기 기웃, 저기 기웃하며 바다 쪽으로 간다. 멀리서 볼 때는 몰랐지만 가까이에서 보니 황갈색 초원 군데군데 해당화 덤불이 섞여 있다. 쌀쌀한 날씨 속에서도 희미하나마 봄 기운을 느끼는지 마디에 맺힌 겨울눈마다 밥풀떼기만 한 연둣빛 잎을 조심스레 내밀었다. 오월 초니까 우리나라에선 벌써 꽃봉오리가 맺힐 계절인데, 여기선 겨우 움이 트려 한다.

오솔길 양옆으로 무릎 높이의 마른 풀들이 줄지어 육지 쪽으로 누워 있고 그 밑에는 앙증맞은 초록별이 발 디딜 틈 없이 촘촘히 박혀있다. 이제 막 돋아나는 원추리 새싹들이다. 원추리가 만발할 한여름에는 이 일대가 장관이겠네!

얼마나 걸었을까? 슬슬 배가 고파온다. 근처에 식당은커녕 쉼터조차 없으니 저기 언덕 위의 작은 바위에 걸터앉아 가져온 빵으로 끼니나 때워야겠다.

점심을 먹으며 사방을 둘러본다. 끝없이 이어지는 사빈과, 사빈에 잇닿은 초원과, 초원 가장자리에 솟아오른 사구와, 사구를 점령한 관목림, 그리고 관목림을 헤치며 달리는 기찻길의 평행선들로 이루어진 해안은 양팔을 가득 벌려 바다를 안고 있다. 밀려오는 파도의 띠도 마치 하얀 나이테처럼 해안선을 따라 안쪽으로 완만하게 굽어 있다. 심지어 하늘의 조각구름들마저 해변과 나란히 줄을 맞추어 흐르는 듯하다. 모든 게, 마치 포세이돈 같은 어떤 신적 존재가 오호츠크해 한가운데 거대한 바위를 던졌는데, 그것이 일으킨 파동이 동심원을 그리며 퍼져나오는 것처럼 느껴진다.

관목들은 거의 버드나무와 참나무 종류로, 바람이 세서 그런지 큰 것도 사람 키밖에 되지 않는다. 위가 아니라 옆으로 자랐기 때문인데, 그 덕에 아주 동글동글하고 잔가지가 많다. 내륙이라면 하늘을 향해 엄청난 높이로 성장했을 테지만.

해안의 왼팔 끝에, 파도가 일으키는 희뿌연 물안개 속으로 아물거리는 저곳이 이바시리인 듯하다. 오른팔은 훨씬 길고 안쪽으로 크게 휘었는데, 그 끝에 거대한 설산들이 가물가물한 해변 위로 우뚝우뚝 솟아 있다. 저기가 바로 시레토코 국립공원인가 보다. 해면에 가득한 물안개 탓에 설산들이 이바시리보다 훨씬 먼데도 이바시리가 더 먼 것처럼 느껴진다.

시레토코 국립공원은 전세계에서 단위면적당 불곰 서식 밀도가 가장 높은 곳인데, 얼마나 많은지 사람보다도 많다고 한다. 불곰이 많다면 그 먹이가 되는 동식물도 넘쳐날 터! 길고 긴 세월, 자연 그대로 보존된 해안과 산과 강과 초원, 그리고 거기에 깃들어 사는 다채로운 생물상이 빚어내는 경치는 얼마나 신비로울까?

그건 그렇고… 이 풍경! 어디선가 본 듯하다. 미국 오리건주와 워싱턴주의 경계쯤이었을 거다. 오른쪽으로 태평양을 끼고 구불구불한 해안도로를 달리는데, 야생화가 가득한 해안사구 지역이 나타났다. 안내판에 이곳 해변 백사장은 드넓고 단단해서 비행기의 이착륙도 가능하며 자동차로 달려도 괜찮다고 쓰여 있었다. 호기심에 정말로 차를 몰고 들어가 봤는데, 듄버기dune buggy❺가 아닌 일반 승용차였는데도 모래에 빠지지 않고 마음껏 달릴 수 있었다.

하지만 가장 기억에 남는 건 풍경이다. 거기도 해변이 활처럼 안으로 크게 휘었고, 이쪽 끝에서 저쪽 끝까지 건물은커녕 전봇대 하나 없었다. 드넓은 해변은 텅 비었고 해안을 따라 발달한 사구 몇 곳에 지나가다가 들른 차들이 남긴 희미한 바퀴자국이 인적의 전부였다. 거기와 여기의 차이점이라면 거기 모래밭이 훨씬 넓고 평평하며 색깔이 밝다는 것인데, 여기 모래가 흑갈색인 건 아마도 이 부근이 화산지대이기 때문이리라.

시레토코샤리를 향해 다시 걷는다. 몽돌 해변이 나온다. 자갈 사이사이에 대합 비슷한

❺ 모래언덕을 달릴 수 있도록 만들어졌거나 개조된 일종의 스포츠카

조가비가 즐비하다. 이렇게 춥고 황량한 바다에 이렇게 큰 조개가 사나? 흩어진 조가비가 몇 종류 안 되는 걸로 봐서는 바다 밑 생태계가 열대나 온대처럼 다채롭지는 않은 모양이다.

걸음을 옮길 때마다 앞쪽 모래톱에서 졸던 갈매기들이 마지못해 날아오른다. 놈들은 멀리 가지 않고 머리 위를 낮게 날아서 뒤쪽 모래톱에 내려앉는다. 그리고는 다시 졸기 시작한다. 놈들에게는 사람이 아주 낯설 것 같다. 들리는 거라곤 바람 소리, 파도 소리, 바닷새 소리, 그리고 이따금 지나가는 기차 소리뿐이고 가게도, 휴게소도, 주차장도, 벤치도 없는 이 외지고 쓸쓸한 바닷가를 나 말고 찾아올 사람이 있을까?

멀리, 아담한 도시가 눈에 들어온다. 시레토코샤리인가 보다. 초입의 작은 어항에 어선 몇 척이 정박해 있다. 오호츠크해에선 어떤 생선이 잡힐까? 궁금한 마음에 항구로 들어선다. 부두와 그에 맞닿은 주차장 바닥이 흰색 페인트로 칠해져 있다… 이런! 페인트가 아니라 모두 갈매기 배설물이다. 무슨 갈매기가 이렇게 많지?

부두 아래가 새소리로 시끌벅적하다. 내려다보니, 바다로 흘러드는 작은 냇물에 갈매기 수백 마리가 떠 있고 모래톱에도 수백 마리가 앉아 있다. 놈들은 조용하다. 소란은 상류 쪽에서 들린다.

세상에! 여기는 갈매기들의 워터파크이고 냇물은 거대한 워터슬라이드다. 놈들은 수백 마리씩 떼를 지어 상류 어디론가 날아간다. 그리고는 여기까지 워터슬라이드를 타고 내려온다. 놈들은 흐름이 느린 구간에서는 하류 쪽을 바라보며 질서정연하고 느긋하게 물을 탄다. 하지만 급류 구간에서는 방향과 대열이 흐트러지면서 서로 뒤엉키는데, 이때, 마치 물놀이장에 온 아이들처럼 깔깔대고 비명을 지르며 호들갑을 떤다.

놈들은 워터슬라이드가 끝나는 부두 근처의 잔잔한 수면에서 잠시 쉬었다가 다음 팀이 내려와 수면이 비좁아지면 옆의 모래톱으로 날아간다. 그리고는 거기에 옹기종기 모여 앉아 햇볕과 바람으로 몸을 말린다. 몸이 적당히 마르면 다음 팀에게 자리를 물려주고 다시 냇물을 타러 상류로 날아간다. 어디까지 가는 걸까? 저 위에는 몇 팀이 있을까? 하루에 몇 번이나 탈까?

수백 미터를 거슬러 올라와 보니 냇물은 폭이 넓어지고 아주 천천히 흐른다. 물 위에 갈매기들이 점점이 떠 있다. 방금 날아온 새 팀이 뒤쪽에 내려앉는다. 올라오면서 대충 헤아려봤는데, 전체 팀은 예닐곱 정도다. 세상에 이놈들보다 더 재밌게 사는 갈매기는 결코 없을 거라는 생각이 절로 든다. 아니, 놈들은 방수옷과 물갈퀴는 물론 날개까지 달았으니 워터파크라는 게 본래 갈매기들에게 더 맞는 놀이터일지도 모르겠다. 마침 날씨도 좋겠다, 쳇바퀴 같은 일상에 무료함을 느낀 주변 갈매기들은 모두 여기에 모였으리라!

한참을 더 올라가 본다. 상류 저쪽에서 어떤 남자가 냇가를 따라 루어낚시를 하며 내려온다. 차림새로 봐서는 근처 사람 같다. 이렇게나 차가운 물에도 루어를 무는 고기가 있나? … 송어? 곤들매기? … 어쨌든, 이토록 멋진 낚시터를 지척에 두고 있다는 사실이 부럽기만 하다.

그가 내 앞을 지날 때 궁금한 마음에 서툰 일본어와 손짓 몸짓으로 무얼, 얼마나 잡았는지 물어본다. 그는 겸연쩍게 웃으며 아무것도 못 잡았다고 대답하고는 서둘러 마을 쪽으로 내려간다. 하기는… 이런 평일 낮에 이런 한적한 개울에서 자연에 듬뿍 빠져 노닐면 그걸로 됐지, 꼭 뭘 잡아야만 하는가!

역에서 쿠시로행 기차를 기다린다. 시선이 저절로 북동쪽으로 간다. 길게 늘어선 설산들이 한눈에 들어온다. 모두 화산이라고 하는데, 저 뒤쪽의 뾰족한 봉우리가 제일 높다는 라우스다케인가보다. 곰과 불시에 맞닥뜨릴 위험은 있겠지만, 그렇다고 해도 언젠가는 꼭 가보고 싶은, 버킷리스트의 하나로 남기고 아쉬움을 뒤로한 채 기차에 오른다.

2

우리나라에도 오호츠크해나 오리건주 북부의 태평양 해안에서 본 것과 같은 광활한 원생의 사구 지대가 남아 있을까? 물론 없다. 우리나라는 국토가 좁고 인구밀도가 높다. 그래서 '바다'라고 하는 열린 공간이 바라보이는 해변은 항상 개발의 압력을 받아왔다. 다만 태안반도의 신두리 일대에서는 작은 구역이나마 원생에 가까운 해안사구를 볼 수 있다. 2001년부터 천연기념물로 보존된 곳으로, 규모는 길이 3.4킬로미터에 폭 0.5에서 1.3킬로미터가량이다. 인근에는 '두웅습지'라고 하는 둘레 삼백 미터 정도의 아담한 연못도 있는데, 크기는 작아도 그 희소성 때문에 2007년에 람사르 보호습지로 지정되었다.

　신두리 사구가 천연기념물이 된 까닭은 그나마 원래의 지형이 잘 보존되어 있고 경관적, 생태학적 가치가 크기 때문이다. 그런 이유에서 나는 근처를 지날 때면 꼭 들러본다. 하지만 '보존의 역설'이라고나 할까? 아름다운 경관과 건강한 해안 생태계, 걷기 편한 산책로 등으로 명성을 얻게 되어 탐방객이 늘어나자 허름한 가게만 드문드문 있었던 곳이 카페, 음식점, 펜션, 마트, 리조트가 하나둘씩 들어

서면서 이젠 거의 관광단지가 되고 말았다.

일대를 돌아볼 때마다 보호구역이 너무 좁다는 게 크게 아쉬웠고, 그래서 정부가 해수욕장인 남쪽 토지를 매입해 모래땅 지역만이라도 복구와 보존을 위한 최소한의 시설을 빼면 아무런 인공물도 없는 본래의 모습으로 되살려주기를 바랐다. 하지만 주변의 개발이 가속되는 걸 보고 매번 어떤 좌절감 같은 것을 맛보고 있다.

고적孤寂한 해변은 누구나 휴식과 재충전을 위해 한 번쯤 찾아가고 싶어 하는 곳이다. 하지만 무분별한 개발과 함께 '고적'은 너무나 희귀해지고 말았다. 이젠 전국 어디를 가도 파도 소리, 물새 소리, 바람 소리 밖에는 어떤 소음도 들리지 않는 외지고 적막한 해변은 없다. 그렇기에 더욱, 오호츠크해나 오리건의 태평양 해안 같은 광활한 지역은 아닐지라도 한 구역이나마 눈이 닿는 데까지 문명에서 벗어난 원생의 해안사구들을 가져봤으면 하는 소망이 간절해진다.

3

오랜만에 아내와 함께 신두리 사구를 걸어본다. 낯익은 풍경이지만 가을은 이번이 처음이다. 여기저기에 군락을 이룬 해당화들은 이파리가 누렇게 물들기 시작했고 다발로 맺힌 열매들도 무르익어 마치 빨간 돌사탕부케를 보는 듯하다.

예전에는 탐방로가 따로 없어서 곳곳이 발자국투성이였다. 하지만 울타리와 데크를 설치한 뒤로는 모래밭이 잘 보호되고 있다. 얼핏 보면 메마른 모래밭은 아무런 생명체도 없는 황량한 사막처럼 느껴진다. 그러나 사실은 수많은 작은 동물이 생존을 위해 고군분투하는 삶의 현장이다.

여름에 왔을 때 모래밭은 작은 깔때기 모양의 개미지옥 천지였고 오가는 개미도 아주 많았다. 잠시 쪼그리고 앉아서 관찰해 봤는데 몇몇 부주의한 개미만 빼고 대부분이 그 많은 지옥을 요리조리 잘 피해 다니고 있었다. 놈들이 지옥의 위치를 익히 알고 있어서 그런 건지, 아니면 어떤 본능이 그런 위험을 회피하도록 인도하는 건지는 잘 모르겠지만, 삶과 죽음의 기묘한 확률이 개미와 개미귀신의 개체 수에 균형을 맞추는 건 아닐까 하는 생각이 들었다.

지금 보니 가을인데도 개미지옥은 여름만큼이나 많다. 하지만 돌아다니는 개미는 한 마리도 없다. 그럼, 이 계절 개미귀신은 뭘 먹고 사는 거지? …여기저기, 까만 턱을 내밀고 간밤에 내린 비로 망가진 지옥 수리에 여념이 없는 개미귀신들이 보인다. 내가 모르는 먹이가 아직도 많은가 본데, 도대체 뭘까? 바구미 같은 작은 딱정벌레?

애초에 태어난 시기가 달라서인지, 먹이 섭취량이 달라서인지는 잘 모르겠지만 개미지옥은 크기가 천차만별이다. 아마도 내년 여름에는 모두 명주잠자리가 되어야 할 텐데, 성충도 크기가 제각각이 겠지? 모래 속에 은신해서 살아가는 개미귀신들에게도 천적이 있을까? …육지게 같은 거? …지옥 사이사이에 숱한 구멍이 뚫려 있다. 주인은 누굴까? 개미? 나나니벌? 도둑게?

초미니세계의 뒤집힌 고분군 같은 개미지옥 밭을 표범장지뱀이 두리번거리며 지나간다. 공룡에 밟힌 고분들이 순식간에 폐허가 된다. 안 그래도 지나가는 개미 한 놈 없는데, 애써 복구한 고분마저 또다시 복구해야 할 테니 여기 개미귀신들은 일진이 사납다.

표범장지뱀은 보호종일 만큼 희귀한 도마뱀이지만 이 일대에는 흔하다. 놈도 메뚜기나 귀뚜라미 같은 먹거리를 찾는 중일 텐데, 곧 서리가 내릴 테니 긴긴 겨울을 무사히 넘기려면 부지런히 먹어둬야 할 거다.

사람의 간섭이 없다 보니 보호구역에서는 식물의 자연적 천이 과정을 엿볼 수 있다. 사빈 가장자리에 쌓인 모래는 헐벗은 사구가 되고, 헐벗은 사구는 통보리사초 같은 애기사초나 갯메꽃, 쑥 등의 단초밭이 되고, 단초밭은 습기에 따라 억새밭이나 갈대밭 같은 장초밭이 되고, 장초밭은 곰솔의 침입을 받아 해송림으로 바뀌는 것 같다. 올 때마다 맨 모래 영역은 줄어들고 억새밭은 늘어나고 있다는 느낌이 드는데, 나만의 편견일까?

농약으로부터의 안전지대라서 그런지 풀밭에는 콩중이, 팥중이, 풀무치, 방아깨비 같은 메뚜기류가 아주 많다. 여기저기에 두더지가 굴을 파고 지나간 걸로 보아 땅강아지나 지렁이 같은 땅속 생물도 풍부한가 보다.

보존이니 원생이니 고적이니 하는 개념에 무관심한 아내도 이곳에 오면 왠지 마음이 들뜨는 것 같다. 까닭이 궁금해 물어보니 장황한 대답이 돌아온다. 알아듣기 어려워 키워드만 말해보라고 했더니 차별성, 한적함, 편안함, 그리고 치유라고 요약한다. 한 장소에서 바다, 사빈, 사구, 초원, 숲이 어우러진 다채로운 풍경을 넓은 시야로 멀리까지 볼 수 있는 곳이 여기뿐이고 건물, 도로, 자동차, 놀이기구, 매점, 화장실 같은 인공물이 없어 시각적, 청각적, 후각적 방해를 받지 않으며, 탐방로가 평지에 가깝고 데크를 깔아두어 벤치나 휴게소가 없음에도 걷기에 힘이 안 든다는 거다. 그리고 이 모든 건 '치유'로 귀결된다고 한다.

닫는 글

이 책의 제목이 된 수필, '봄벌을 깨우며'를 쓴 지 4년이 흘렀다. 양봉을 시작했을 무렵에는 그런대로 소출이 괜찮았지만, 지난 두 해 동안 연거푸 참담했고 벌도 거의 폐사했다. 주된 원인은 이상기후다. 벌은 여름철 고온다습과 겨울철 기온 급변에 아주 취약하다. 게다가 날씨가 나쁘면 벌에 생기는 갖가지 병해충도 기승을 부린다.

꿀벌의 위축은 내 봉장만의 문제가 아니라 전국, 더 나아가 세계 현상이다. 확실한 건 알 수 없지만, 우리나라를 포함해 나라마다 발표한 통계를 취합하면 지구에서 꿀벌의 절반 정도는 사라진 것 같다. 내 벌도 지난겨울에 대부분 굶거나 얼어 죽었다. 굶은 건 월동 먹이가 부족해서고 동사한 건 병해로 증식을 못 해 개체 수가 내한耐寒 최소치 밑으로 떨어졌기 때문이다.

지난해는 여름 내내 비가 왔고 일조량이 좋지 못했다. 벌들은 꽃이 피는 계절에도 거의 활동을 못 하고 벌통 안에서 빈둥대야 했다. 당연히 꿀 채취량이 저조해 자기들 먹이로도 모자랄 것 같아 아예 꿀을 수확하지 않고 그대로 월동시켰다. 그런데도 스무 통 중 열다섯 통이 비었다. 이른 봄, 살아남은 벌들은 먹이가 충분한지 확인하려 벌통을 열어보니 거의 아사 직전이었다.

아침에 고추와 양상추 모종을 사러 장에 갔다. 과일가게 앞에 모인 손님들이 값이 너무 올랐다고 난리였다. 이 계절에 사과나 배가 비싼 건 당연하다. 지난 가을 수확물을 봄까지 보존하려면 전기료를 비롯해 여러 가지 큰 비용이 들기 때문이다. 하지만 그걸 고려하더라도 올해는 예년보다 두 배나 비싸다. 근본 이유는 지난해 과일이 보기 드문 흉작인 탓이다. 이 역시 햇볕 부족과 탄저병 같은 질병이 원인이다.

지구온난화와 함께 사과, 배, 복숭아, 포도 같은 주요 과일의 남방 한계선이 조금씩 북상하고 있다. 사과 주산지는 대구에서 충주로 옮겨왔고 지금은 강원도 영월과 평창, 양구 같은 곳으로 이동하고 있다. 그 대신 열대과일인 구아바, 망고, 용과, 파파야 같은 과일은 제주도에 상륙한 뒤 점차 전남 해안지방으로 영역을 확장하고 있다. 학자들 예측에 따르면 앞으로 오십 년 뒤에는 남한 전체에서 열대나 아열대 작물을 재배할 수 있을 거라고 한다. 그 말은, 두어 세대만 지나면 우리나라는 사과와 배는 수입해야 하고 망고나 바나나를 수출하게 될지도 모른다는 뜻이다.

확실히 한반도 기후는 더욱 덥고 습해지고 있다. 사실, 고추와 양상추 모종을 사러 간 것도 비와 관계된다. 밤비를 유난히 좋아하는 고라니가 집 옆 텃밭에 심은 고추와 양상추를 초토화해서 다시 심어야 하기 때문이다. 지척에 개집이 있지만, 고라니 한 놈이 개들이 곯아떨어진 깊은 밤에 대담하게도 뜨락까지 들어온 거다.

 꿀벌이나 농작물을 포함해서 동식물 대부분은 급속한 기후변화를 견디지 못한다. 그러니 조만간 우리나라 생태계는 밑바닥부터 뒤바뀌게 될 텐데, 사람은 괜찮을까?

 기후변화에는 두 가지 대책이 있다. 하나는 이를 기정사실로 받아들이고 거기에 적응하는 거다. 바뀐 기후에 맞도록 작물과 가축을 교체하거나 신품종을 개발하는 방식이 여기에 속한다. 다른 하나는 기후변화를 막고 원상태로 회복시키는 거다. 온실가스 배출을 줄이고 에너지 사용을 절감하는 방식이 여기에 속한다. 현실 정책은 첫 번째 방식에 집중된 것 같고 두 번째 방식은 내실 없는 구호에 그치는 경우가 대부분이다. 하지만 첫 번째 방식은 대중요법에 불과한 미봉책일 뿐이다. 동식물이나 인간이나 치솟는 기온에 어디까지 적응할 수 있을까? 온난화가 계속되면 안 그래도 뜨거운 열대지역에는 사람이 살 수 있을까?

올봄에도 비가 잦다. 그래서 좋은 점이 있기는 하다. 한 달 전, 밭에서 키우던 정원수 200여 그루를 정식할 곳에 옮겨 심고 밤나무와 대추나무 묘목 백여 개를 새로 심었다. 예년 같으면 가뭄이 심해 자주 물을 줘야 했겠지만, 올해는 일주일에 한 번씩은 비가 듬뿍 내려 그런 수고를 덜고 있다. 정원수나 밤, 대추마저 기후변화에 약하다면 멀리 봤을 때 헛일일지도 모르지만.

엊저녁, 퇴근하면서 보니 제일 왕성한 꿀벌 무리가 한창 분봉하고 있었다. 올해 첫 번식인데, 평소보다 보름가량 늦다. 반갑고 급한 마음에 장갑도 끼지 않고 배나무 밑동에 뭉쳐 있는 무리를 털어 새 벌통에 넣어주고 쾌적한 장소로 옮겼다. 오늘 오후, 또 다른 무리가 분가했다. 순식간에 다섯 통이 일곱 통으로 불어난 건데, 이런 추세라면 유월이 가기 전에 원상복구 될 것 같다. 하지만 그 뒤가 문제다. 올해 역시 지난 두 해처럼 날씨가 받쳐주지 않는다면 내년 봄, 내 벌은 거듭 다섯 통으로 되돌아갈 거다. 조짐은 상서롭지 않다. 일기예보에 따르면 아까시 꽃이 피기 시작할 이번 주말 어린이날 연휴에도 전국에 걸쳐 2박 3일간 큰비가 오고 기온도 뚝 떨어진다고 한다.

시골 생활은 꿀벌의 생태를 포함해서 갖가지 예측할 수 없는 사건들의 연속이다. 신기하고 재미있는 경우도 많지만 짜증스러울 때도 적지 않다. 심지도 않은 나무들이 내가 원하는 곳에 스스로 자리를 잡고 자라는가 하면 멧돼지 떼가 수확을 코앞에 둔 옥수수밭에서 심야 파티를 열기도 한다. 이웃집 벌이 분봉해서 내 벌통으로 들어올 때도 있지만 내 벌이 가출해 이웃집으로 이사하는 일이 흔하게 벌어진다. 암탉이 알아서 병아리를 키우기도 하지만 잘 자란 병아리를 말똥가리가 낚아채 가는 일도 간혹 있다. 그렇다고는 해도 전체를 보면 즐거움이 고충보다 훨씬 크다. 무엇보다 자연 없이 살아갈 수 없는 내게 시골 생활은 그 자체가 더할 수 없는 치유이다.

하지만 그건 내 입장일 뿐, 아내도 같은 생각인지는 의문이다. 이 책을 마치며 귀촌 십여 년째인 서울 토박이 아내에게 수도권 아파트 생활과 시골 생활 가운데 어떤 게 더 낫냐고 물었다. 아내는 잠시 망설이더니 남편의 괴팍한 습성 몇 가지만 빼면 시골 생활도 괜찮다고 한다. 사실 아내는 채소류나 의복을 거의 자급하고 있고, 주마다 모이는 생활문화 동호회만 해도 서너 개나 된다. 항상 바쁜 탓에 시골 생활의 선악을 따져볼 여유가 없었을 것이다. 하지만 친정이나 친구 집을 방문하는 경우보다는 그들을 초대할 때가 훨씬 많은 걸 보면 나름 이런 삶에 만족하는 건 틀림없다.

봄벌을 깨우며

처음 펴낸 날 2024년 5월 30일
지은이 송명규 · **그림** 송명규 · **펴낸이** 윤경은 · **글틀지기** 김기돈 정은영 · **글다듬지기** 최세희
볼꼴지기 더디앤씨 · **박음터** 평화당 · **펴냄터** 작은것이 아름답다 · **나라에서 내어준 이름띠** 문화 라 09294

작은것이 아름답다
터이름 02879 서울시 성북구 성북로 19길 15 3층 · **소리통** 02-744-9074~5 · **글통** 02-745-9074
누리알림 jaga@greenkorea.org · **누리방** www.jaga.or.kr · **재생종이 누리방** www.green-paper.org

ISBN 979-11-987696-0-2 03810

표지 인스퍼에코 222그램, 내지 하이벌크 80그램으로 숲을 살리는 재생종이에 인쇄했습니다.
책값은 뒤표지에 있습니다. 잘못된 책은 바꿔 드립니다.